Karin Meendermann

Politische Bildung in der Primarstufe stärken

Ein Planungsmodell zum Lernen politischer Kompetenzen im Sachunterricht

Roadmap für Lehrkräfte

WOCHEN
SCHAU
VERLAG

Für meine Enkeltöchter, Hanna und Ida,
denen ich von Herzen wünsche,
dass sie gesund und fröhlich in einer Demokratie aufwachsen und leben.

K.M.

Bibliografische Information der Deutschen Nationalbibliothek

Die Deutsche Nationalbibliothek verzeichnet diese Publikation in der Deutschen Nationalbibliografie; detaillierte bibliografische Daten sind im Internet unter http://dnb.d-nb.de abrufbar.

www.wochenschau-verlag.de

Umschlaggestaltung: Ohl Design
Titelbild: Hans-Jürgen Feldhaus
Gesamtherstellung: Wochenschau Verlag
Gedruckt auf chlorfrei gebleichtem Papier
Print-ISBN 978-3-7344-1665-1
PDF-ISBN 978-3-7566-1665-7
ISSN: 2749-6988
eISSN: 2749-6996
https://doi.org/10.46499/2396

Inhalt

Einleitung

Der Diskurs um politische Bildung in der Grundschule hat sich in den letzten Jahren stark gewandelt. Heute herrscht Einigkeit darüber, dass auch sehr junge Kinder offensichtlich in der Lage sind, politische Themen und Probleme zu erkennen. Nun geht es um

> *„[...] die Entfaltung und Förderung von jungen Bürger*innen, die nicht einfach nur in die bestehende demokratische Ordnung hinein sozialisiert werden, sondern explizit darin bestärkt werden sollen, diese Ordnung [...] kritisch zu reflektieren und über Veränderungsmöglichkeiten im Sinne einer fortlaufenden Demokratisierung nachzudenken." (Baumgardt und Lange 2022, S. 13).*

Zur praktischen Umsetzung der politischen Bildungsarbeit in der Grundschule wird in diesem Beitrag ein Planungsmodell – *eine Roadmap* – vorgestellt, die fachdidaktische Grundlagen mit unterrichtlicher Praxis verbindet. Kennzeichnend für die Roadmap ist der offene Charakter. Die Roadmap dient dazu, das langfristige Ziel – die politische Mündigkeit junger Schülerinnen und Schüler – in einzelne, leichter zu bewältigende Schritte zu strukturieren.

Ausgangspunkt für diesen Weg sind die in der Literatur identifizierten Präkonzepte von Grundschüler*innen. Eine Auswahl geeigneter politikdidaktischer Themen schließt sich an. Ihnen werden unter Berücksichtigung unterschiedlicher Prinzipien und Methoden sozialwissenschaftlicher Fachdidaktik ausgestaltete Unterrichtsmodule zugeordnet. Auf der Grundlage des Beutelsbacher Konsenses zielt die Roadmap auf die Förderung der Politikkompetenzdimensionen nach Detjen et al. (2012) und dient sowohl der elementaren Wissensvermittlung als auch der kritisch emanzipatorischen Bildung in der Primarstufe.

Münster, im März 2024
Karin Meendermann

Teil I: Fachdidaktische Grundlagen

Politische Bildung in der Grundschule

„Demokratie ergibt sich nicht ‚naturwüchsig'"! (Habermas zit. nach Himmelmann 2004, S. 6), *„Demokraten fallen nicht vom Himmel!"* (Eschenburg zit. nach Himmelmann 2004, S. 6) und *„Niemand wird als Demokrat geboren!"* (Greven zit. nach Himmelmann 2004, S. 6) – in diesen Ausrufen wird deutlich, dass politisches Wissen sowie die für die Partizipation notwendigen Kompetenzen in jeder Generation neu erlernt bzw. verhandelt werden müssen. Hier kommt der politischen Bildung in Schulen eine Schlüsselrolle zu.

> *„Eines der obersten Ziele schulischer Bildung überhaupt ist es, junge Menschen zu befähigen, sich in der modernen Gesellschaft zu orientieren und politische, gesellschaftliche und wirtschaftliche Fragen und Probleme kompetent zu beurteilen. Dabei sollen sie ermuntert werden, für Freiheit, Demokratie, Menschenrechte, Gerechtigkeit, wirtschaftliche Sicherheit und Frieden einzutreten." (Kultusministerkonferenz 2018, siehe https://l.fobizz.com/KMK)*

Den politisch formulierten Auftrag der Kultusministerkonferenz konkretisieren Steve Kenner und Dirk Lange für Grundschulen: „Politische Bildung in der Grundschule zielt auf die Fähigkeit von *Young Citizens*, sich in ihrem Alltag zu orientieren, diesen auf Basis demokratischer Orientierungen zu reflektieren sowie nach Wegen zu suchen, diesen zu beeinflussen." (Kenner und Lange 2022, S. 20).

Lange Zeit herrschte Uneinigkeit über politische Bildung in der Primarstufe. Politik sei für die Lebenswelt der Kinder als nicht bedeutsam anzusehen und die politischen Inhalte galten als zu komplex und überfordernd für die Grundschulkinder (vgl. Kolleck und Eller-Eberstein 2020). Im Gegensatz hierzu kommt ein Projekt der Deutschen Forschungsgemeinschaft zu den Ergebnissen, dass sich Kinder bereits im Grundschulalter für politische Themen interessieren, sich eine Meinung bilden und diese offenlegen können (vgl. Abendschön et al. 2007). Vor diesem Hintergrund besteht mittlerweile ein allgemeiner Konsens, dass Inhalte politischer Bildung bereits in der Grundschule vermittelt werden können.

Was haben Kinder im Grundschulalter von politischer Bildung? Warum sollten sie sich mit politischen Themen beschäftigen? Warum sollten Pädagoginnen und Pädagogen das Interesse für Politik wecken?

Unser Alltag wird ständig von Entscheidungen der Politik beeinflusst. Wenn eine Familie keinen günstigen Wohnraum findet, mag es daran liegen, dass die Subventionspolitik in diesem Bereich geändert wurde. Wenn in der Schule keine jungen Lehrerinnen und Lehrer eingestellt werden, hat vermutlich ein Sparbeschluss der Landesregierung zu diesem Missstand geführt. Und wenn ein Kind keinen sauberen Spielplatz findet, kann die Ursache dafür sein, dass die kommunalen Mittel für den Unterhalt von Kinderspielplätzen gekürzt wurden. Diese Beispiele machen deutlich, dass Entscheidungen der Politik und deren Wirkungen auch Schülerinnen und Schüler im Grundschulalter aktuell betreffen. ‚Betroffenheit und Bedeutsamkeit' (Bundeszentrale für politische Bildung 1994, S. 58) ist für die Auswahl von Lerninhalten zentral. Zudem zeigt ein Auszug aus dem nordrhein-westfälischen Lehrplan, dass die Ziele politischer Bildung längst zu einem wesentlichen Baustein des Unterrichtsfaches Sachunterricht geworden sind. Demnach hat der Sachunterricht in der Grundschule die Aufgabe

> *„die kindlichen Erfahrungen weiterzuentwickeln, zentrale Kompetenzen (Sach-, Methoden- und Urteilskompetenz) fachspezifisch auszubauen und Neugier und Fragehaltung zu fördern, um den Schülerinnen und Schülern zu ermöglichen, sich ihre Lebenswelt weiter zu erschließen, sich darin zu orientieren, mitzuwirken und verantwortungsbewusst darin zu handeln und diese mitzugestalten." (QUA-LiS NRW 2021, siehe https://l.fobizz.com/QUALIS).*

Überblick über das Planungsmodell

Die Konzeption des Planungsmodells folgt der Idee einer Roadmap. Die Roadmap ist ein seit Anfang der 2000er Jahren auch im deutschen Sprachraum verbreiteter Anglizismus, der insbesondere in Wirtschaft,

Politik und Medien gerne als Synonym für einen Projektplan verwendet wird. Dabei ist eine Roadmap ein visuelles Hilfsmittel zur Darstellung von wesentlichen Informationen, die einen Weg zu einem definierten Ziel markieren. Die Roadmap stellt einen groben, sequenziellen Ablauf dar und schafft somit Transparenz bei einem Vorgehen. Kennzeichnend für eine Roadmap ist der nur vorbereitende Charakter und die grobe Planung der auszuführenden Schritte über einen längeren Zeitraum. Die Roadmap zur politischen Bildung in der Grundschule dient also dazu, eine „eigenständige Auseinandersetzung der Lernenden mit dem Wirklichkeitsbereich Politik" (Sander 1997, S. 9) in einzelne, leichter zu bewältigende Schritte zu strukturieren (Abb. 1, S. 48–49).

Die Roadmap mit dem Titel „Planungsmodell zum Lernen politischer Kompetenzen im Unterrichtsfach Sachunterricht" (Abb. 1, S. 48–49). stellt die Prozesse ‚Elementare Wissensvermittlung' und ‚Kritisch emanzipatorische Bildung' (Meendermann & Szukala 2022, S. 98) beginnend mit den Präkonzepten der Schüler*innen bis hin zu den Dimensionen der Politikkompetenz dar. Dieser Verlauf ist als Pfeil oben auf der Grafik (Abb. 1) visualisiert. Grundlage für das gesamte Planungsmodell bildet der Beutelsbacher Konsens mit den einvernehmlichen Forderungen an politische Bildung: Überwältigungsverbot, Kontroversitätsgebot sowie Schüler*innenorientierung.

Ausgangspunkt des Planungsweges sind das Wissen und die politischen Vorstellungen von Kindern im Grundschulalter.

> *„Bereits bei Schuleintritt kennen Kinder mehrheitlich politische Konzepte Themen und Institutionen und unterstützen demokratisch relevante Normen und Werte." (Abendschön 2022, S. 64)*

Einige Präkonzepte von Schülerinnen und Schülern im Grundschulalter werden in der Roadmap genannt. Um die Konzepte der Kinder zu entwickeln und zu erweitern, werden ihnen politikdidaktische Themen zugeordnet. Dabei wurden diese Themen nicht beliebig gewählt, sondern entsprechen der allgemeinen Trias der Politik – Polity, Politics und Policy (vgl. Schubert und Klein 2021).

Abb. 2: Dimensionen der Politik (Eigene Darstellung nach Schubert und Klein 2021, S. 269f.)

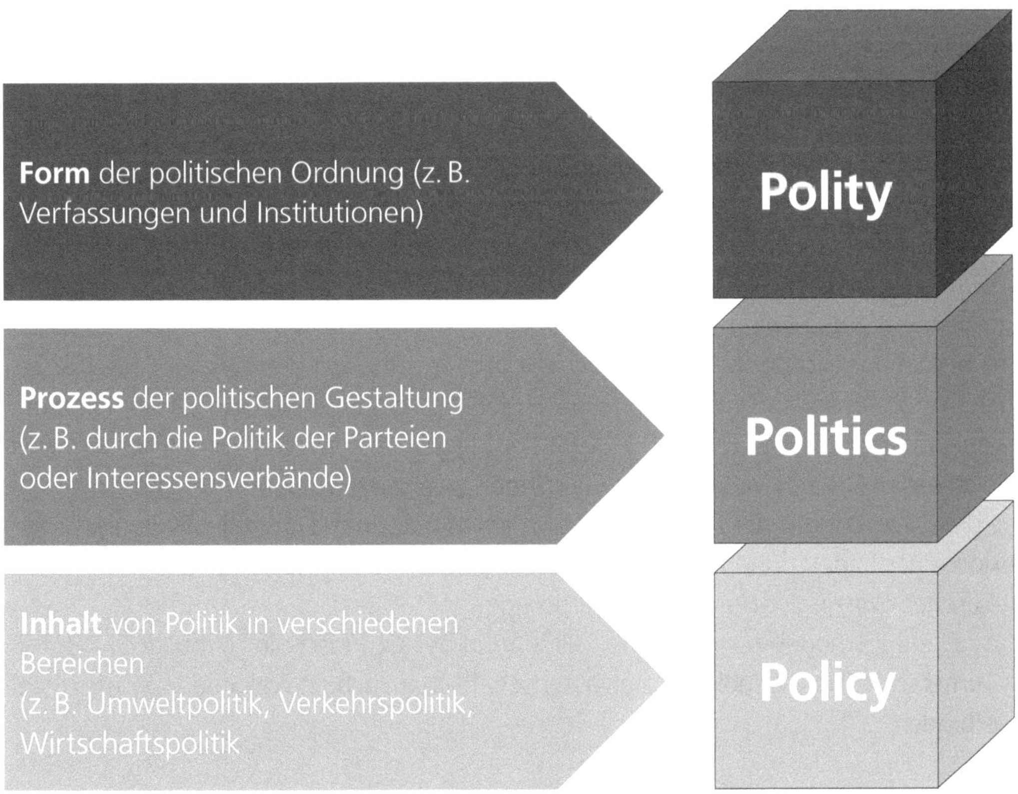

Die Dimension „Politiy" befasst sich mit dem institutionellen Normengefüge. Hier dargestellt anhand der Themen „‚Elemente der Demokratie' erlernen: Prinzipien demokratischer Wahlen" sowie „Politisches Wissen ausbauen: Die Kette der Bürgermeisterin/des Bürgermeisters". Die Dimension „Politics" bezeichnet die Methode der politischen Einflussnahme z. B. durch Verhandlung. Hier dargestellt am Beispiel des Themas „Politische Prozesse analysieren lernen: Partizipation – ohne Beteiligung geht's nicht". Daneben beschreibt die Dimension „Policy" den inhaltlichen Teil von Politik – dieser Dimension kann sowohl das Thema „Politische Prozesse analysieren lernen: Partizipation – ohne Beteiligung geht's nicht" als auch das Thema „Politisches Wissen ausbauen: Die Kette der Bürgermeisterin/des Bürgermeisters" zugeordnet werden.

Die Brücke zwischen den fachlichen Inhalten und den Schülerinnen und Schülern schlagen die didaktischen Prinzipien der politischen Bildung (siehe S. 20–22). Sie stellen Kriterien für die Auswahl, Planung, Durchführung und Reflexion von Lehr-/Lern-Prozessen dar und „[...] unterstützen die Begründung der Ziel-, Inhalts-, Methoden- und Medienwahl" (Baumgardt und Lange 2022, S. 14).

Für die konkrete Gestaltung von Lernsituationen sind daneben fachdidaktische Methoden „unverzichtbar" (Sander 2008, S. 213). Sie sind nicht nur Instrumente für das Planungshandeln von Lehrenden, sondern selbst auch Gegenstand des Lernens in der politischen Bildung. In ihrer Anwendung werden zugleich Kompetenzen trainiert, die Schülerinnen und Schüler befähigen, sich kompetent mit Politik auseinanderzusetzen. Für die politische Bildung in der Grundschule steht eine breite Palette von Methoden bereit. Die Methodenvielfalt ist wichtig, denn „es gibt [...] keine Methoden, die von vornherein und unter allen Umständen besser für die politische Bildung geeignet sind als alle anderen." (Sander 2008, S. 214 f.) Welche Methode konkret gewählt wird, ist abhängig vom Thema, der Lerngruppe und den institutionellen Bedingungen wie Zeit und Raum.

Für die Implementierung politischer Bildung im Grundschulunterricht werden hier drei Module vorgeschlagen.

1. Vor dem Hintergrund, dass es Kindern beim Schuleintritt schwerfällt, Lösungsansätze für politische Themen zu finden (vgl. Abendschön et al. 2007), ist unter der Themenstellung „Politische Prozesse analysieren lernen" das Modul „Partizipation – ohne Beteiligung geht's nicht" entwickelt worden. Dieses Modul wird durch das fachdidaktische Prinzip der „Problemorientierung" getragen. Methodisch wurde die Zukunftswerkstatt und die Analyse von Comicgeschichten gewählt. Mit diesem Modul sollen folgende Dimensionen der Politikkompetenz gestärkt werden: Die politische Urteilsfähigkeit, das Artikulieren & Argumentieren, das politische Interesse und Selbstbewusstsein sowie das politische Fachwissen zum Fachkonzept „Demokratie".
2. Um die bereits bei Schuleintritt entwickelten Reflexions- und Argumentationskompetenzen (vgl. Abendschön et al. 2007) weiterzuentwickeln, steht im zweiten Modul die Auseinandersetzung mit „Elementen der Demokratie" im Fokus. Sie werden als Beispiel für exemplarisches Lernen anhand der Grundsätze demokratischer Wahlen konkretisiert. Methodisch wurde das Modul anhand der Pro-Contra-Debatte sowie dem vorausgehenden Stationenlernen aufbereitet.
3. Grundschüler*innen besitzen Präkonzepte zu Öffentlichkeit und Privatheit und entwickeln ihre Vorstellungen zu staatlichen Symbolen anhand von Personalisierungen (vgl. Götzmann 2015). Die in der Literatur genannten Präkonzepte werden im Modul „Die Kette der Bürgermeisterin/des Bürgermeisters" aufgegriffen, um inhaltlich das politische Wissen der Schüler*innen zu erweitern. Damit steht das politische Fachwissen als eine der Dimensionen der Politikkompetenz im Mittelpunkt. Durch die Planung, Durchführung und Reflexion eines Expert*inneninterviews soll das Modul methodisch begleitet werden und folgt dem fachdidaktischen Prinzip der Handlungsorientierung.

Der Überblick über das „Planungsmodell zur politischen Bildung in der Grundschule" (Abb. 1, S. 48–49). zeigt, dass die Module unterschiedliche Aspekte sozialwissenschaftlicher Fachdidaktik in den Kontext stellen und miteinander verbinden.

Ausgangspunkt für den Unterricht: Politisches Wissen und Konzepte von Grundschüler*innen

Werden Lernangebote zur politischen Bildung geschaffen, so sollten diese bei den Vorstellungen der Schüler*innen ansetzen, denn alle Kinder im Grundschulalter verfügen bereits über ein (Vor-)Verständnis zu politischen Themen und Prozessen (vgl. Abendschön et al. 2007, S. 207). Im Folgenden werden deshalb Ergebnisse verschiedener Studien vorgestellt, die domänenspezifisch das Vorwissen von Kindern aufzeigen.

In der Studie „Demokratie Leben Lernen" (DLL) wurden 800 Grundschüler*innen zu Beginn und am Ende der ersten Klasse zu ihrem politischen Wissen befragt. Die Schwerpunkte der Erhebung lagen auf dem gesellschaftspolitischen Themen- und Problembewusstsein, dem Wissen über politische Institutionen und Prozesse sowie dem Werte- und Normenbewusstsein. Die Studie belegt, dass für alle drei Aspekte „[...] eine konsistente latente Struktur zugrunde liegt" (Abendschön et al. 2007, S. 208).

Grundschüler*innen können das Politische in ihrer Lebenswelt entdecken. Kinder der ersten Klasse kennen bereits politische Themen und Probleme. Gleichwohl gibt es „[...] einen systematischen Unterschied bezüglich der ‚Tiefe' des bereits vorhandenen Abstraktionsvermögens und Wissens zwischen den Kindern" (Abendschön et al. 2007, S. 207). So sind Schülerinnen und Schüler aus sozioökonomisch schwächeren Wohngebieten und Kinder mit Migrationsgeschichte wesentlich weniger als andere Kinder in der Lage, politische Themen und Probleme zu erkennen (vgl. Abendschön et al. 2007, Götzmann 2015).

Wie bei der politischen Themenkompetenz bestehen auch deutliche Unterschiede hinsichtlich des politischen Wissens. Kinder, die in einem Stadtteil mit niedrigerem sozioökonomischen Status aufwachsen und/oder nicht-deutscher Herkunft sind, sind klar gegenüber deutschen Kindern benachteiligt (vgl. Abendschön et al. 2007, S. 213 ff.). Auch im Bereich Normen und Werte kann diese latente Struktur aufgedeckt werden.

Die Determinante Geschlecht – mit Ausnahme der Dimension „Gleichberechtigung" – hingegen spielt nur eine untergeordnete Rolle (vgl. Abendschön et al. 2007, S. 210, 216).

Insgesamt steigt das Wissensniveau der Schüler*innen in der Schuleingangsphase deutlich an. Dies geschieht aber nicht automatisch und von selbst, deshalb besteht grundsätzlich Konsens darüber, dass politisches Lernen in der Grundschule stattfinden muss.

Politikkompetenzmodell – welche Kompetenzen benötigen Grundschüler*innen für ihr Leben in einer lebendigen Demokratie?

Als zentrale Ziele sozialwissenschaftlicher Bildung in der Primarstufe werden politische Teilhabe und Partizipation genannt.
Es sind Kompetenzen zu fördern, die

> *„den Schülerinnen und Schülern dazu dienen, am demokratischen Leben aktiv teilnehmen zu können und dabei für sie relevante gesellschaftliche Aufgaben und Probleme zu erkennen, zu reflektieren und gegebenenfalls zu ihrer Lösung beizutragen. Nicht zuletzt soll das Interesse der Schülerinnen und Schüler für gesellschaftliche und demokratische Themen und Inhalte geweckt werden. Die Beschäftigung mit den Themen und Inhalten [...] soll die personalen Ressourcen des Kindes stärken und entfalten, sodass sie ihre demokratischen Beteiligungsrechte wahrnehmen können." (Gesellschaft für Didaktik des Sachunterrichts 2013, S. 27 f.)*

Eine strukturierte Vorlage um kindliche Erfahrungen weiter zu entwickeln liefern Kompetenzmodelle. Dabei gibt es in der politischen Bildung nicht das eine Kompetenzmodell, sondern sehr unterschiedliche. Zum Beispiel:

- Das Kompetenzmodell der Gesellschaft für Politikdidaktik und politische Jugend- und Erwachsenenbildung (2004)
- Das Kompetenzmodell der Autorengruppe Fachdidaktik (2011)
- Das Politikkompetenz von Detjen, Massing, Richter und Weißeno (2012)

Auch wenn es nicht unumstritten ist (vgl. Alscher et al. 2022), stellt das Modell der Politikkompetenz von Detjen et al. (2012) einen einflussreichen Orientierungsrahmen im Bereich der politischen Bildung dar. Es beschreibt Kompetenzdimensionen über welche die Schüler*innen verfügen müssen, um „politische Anforderungen" erfolgreich bewältigen zu können (vgl. Detjen et al. 2012, S. 7).

Das Kompetenzmodell von Detjen et al. (2012) beruht auf dem Kompetenzbegriff nach Weinert. Kompetenzen sind demnach

> *„die bei Individuen verfügbaren oder durch sie erlernten kognitiven Fähigkeiten und Fertigkeiten, um bestimmte Probleme zu lösen, sowie die damit verbundenen motivationalen, volitionalen und sozialen Bereitschaften und Fähigkeiten, um die Problemlösungen in variablen Situationen erfolgreich und verantwortungsvoll nutzen zu können." (Weinert 2001, S. 27)*

Für die unterrichtliche Praxis bedeutet dies, dass ein Modell einen guten theoretischen Rahmen bildet, welcher aber auch individuell angepasst und erweitert werden darf und sollte.

Folgt man dem Kompetenzmodell von Detjen et al. (2012), so gehören zum Kern politischer Bildung die Teilkompetenzen: Politische Urteilsfähigkeit, politische Handlungsfähigkeit, Fachwissen sowie politische Einstellung und Motivation. Diese Kompetenzdimensionen werden im Modell weiter ausdifferenziert in Konzepte bzw. Kompetenzfacetten.

Abb. 3: Politikkompetenzmodell (Quelle: Eigene Darstellung in Anlehnung an Detjen et al. 2012)

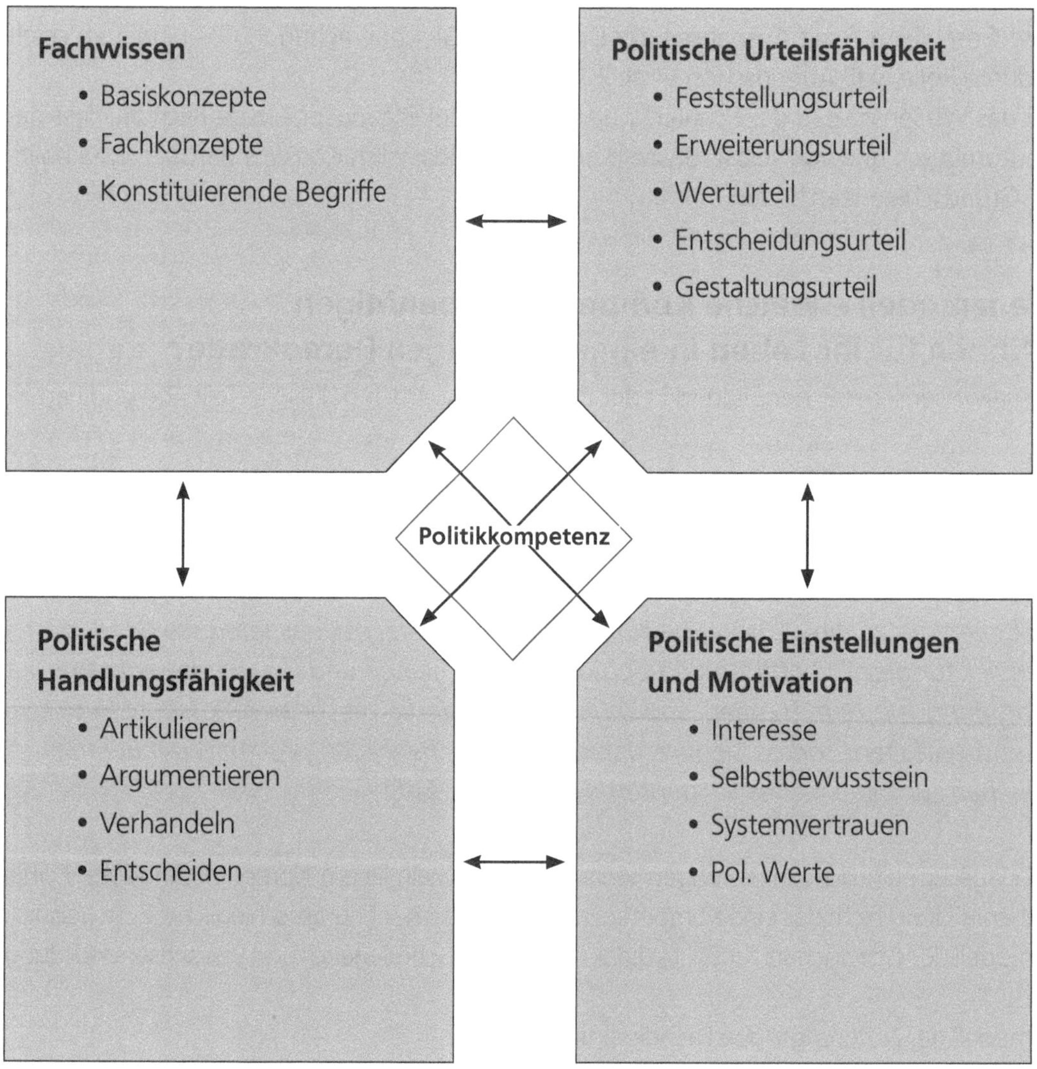

Die Dimensionen der Politikkompetenz stehen in einer wechselseitigen Beziehung zueinander und bedingen sich gegenseitig.

> *„Ein Beispiel. In einem Gespräch über Politik ist es wichtig, für die eigene Position werben zu können, in der Lage zu sein, gezielt Informationen einzuholen oder sich in der Konfrontation mit anderen Sichtweisen ein eigenes Urteil bilden zu können – oder auch alles gleichzeitig." (Detjen 2004, S. 13)*

Kompetenzdimension Fachwissen

Im Modell von Detjen et al. (2012) bildet das Fachwissen die zentrale Grundlage des politischen Lernens. Im vorliegenden Modell wird das Fachwissen in Form von sogenannten Basis- und Fachkonzepten unterschieden. Durch den Abgleich fachwissenschaftlicher Konzepte mit den eigenen Konzepten der Schülerinnen und Schüler sollen bestehende Konzepte ausdifferenziert werden bzw. richtige Konzepte angeeignet werden. Im Mittelpunkt dieses Modells steht also das konzeptuelle Wissen. Individuen verfügen über konzeptuelles Wissen, wenn sie in Anwendungssituationen – ohne konkrete Vorerfahrungen – zu sinnvollen Lösungen kommen.

Zur Kompetenzdimension Fachwissen gehören nicht nur Fachkonzepte sondern auch die dazugehörigen konstituierenden Begriffe. Für die Unterrichtspraxis ist es entscheidend, dass konstituierende Begriffe in den Unterricht integriert sind, um den Lernenden die Möglichkeit zu geben, Fachkonzepte angemessen entwickeln zu können.

Kompetenzdimension Politische Urteilsfähigkeit

Diese Dimension bezieht sich auf die Fähigkeit, politische Fragen zu analysieren, zu bewerten und zu beurteilen. Politische Urteilsfähigkeit meint das Äußern politischer Urteile über Aufgaben und Probleme des sozialen Nahraums, des politischen Systems sowie internationaler Beziehungen (vgl. Detjen et al. 2012, S. 35). Das Urteil kann verschiedene Formen annehmen, welche als Urteilsarten beschrieben werden – die sogenannten Kompetenzfacetten. Die Kompetenzdimension politische Urteilsfähigkeit wird in fünf Facetten gegliedert: Feststellungs-, Erweiterungs-, Wert-, Entscheidungs- und Gestaltungsurteile.

Abb. 4: Formen politischer Urteilsfähigkeit (Quelle: Eigene Darstellung in Anlehnung an Detjen et al. 2012)

1. ***Feststellungsurteile*** sezten ein Beschreiben und Kategorisieren voraus.
2. ***Erweiterungsurteile*** sind Resultate des Vergleichens, Prüfens und Schließens.
3. ***Entscheidungsurteile*** basieren auf dem Abwägen und Sich-Entschließen.
4. ***Werturteile*** sind Ergebnis des Bewertens und Stellungnehmens.
5. ***Gestaltungsurteile*** basieren auf Problemlösungsprozessen.

Kompetenzdimension Politische Handlungsfähigkeit

Politische Handlungskompetenz kann als „die Gesamtheit einer Person zur Verfügung stehender Handlungskonzepte" (Detjen et al. 2012, S. 65) bezeichnet werden. Politisches Handeln findet immer im Bezugssystem einer politischen Ordnung statt. Es lässt sich in kommunikatives Handeln und in partizipatives politisches Handeln unterscheiden. Kommunikatives politisches Handeln besteht aus Gesprächen und Diskussionen über Politik mit dem Ziel, die eigene politische Meinung zu teilen. Ziel des partizipativen politischen Handelns ist es, Entscheidungen auf verschiedenen politischen Ebenen zu beeinflussen z. B. durch Teilnahme an Wahlen, legalem Protest oder zivilem Ungehorsam. Der Schwerpunkt schulischer Bildungsarbeit liegt auf dem kommunikativen politischen Handeln, da partizipatives politisches Handeln im schulischen Kontext nicht häufig zu realisieren ist.

Es werden vier Kompetenzfacetten der politischen Handlungsfähigkeit unterschieden: Artikulieren, Argumentieren, Verhandeln und Entscheiden. Diese sind als eigenständig zu betrachten und verfolgen je spezifische Ziele. Die Grenzen zwischen den genannten Kompetenzfacetten verlaufen fließend.

„Artikulieren" als Kompetenzfacette verfolgt das Ziel, politische Positionen aufzuzeigen und diese der Öffentlichkeit zugänglich zu machen. Die Artikulationsfähigkeit kann durch handlungsorientierte Methoden wie der Talkshow, aber auch durch Methoden des kooperativen Handelns wie Brainstorming gefördert werden.

Die Kompetenzfacette „Argumentieren" verfolgt das Ziel, die eigene Position gegenüber anderen zu vertreten und sich mit diesen zu verständigen. Die Güte des Argumentierens erfordert sprachliche sowie logische Fähigkeiten. „Argumentieren" und „Artikulieren" sind die zentralen Facetten der kommunikativen politischen Handlungsfähigkeit und sind für die schulische politische Bildung von großer Bedeutung.

„Verhandeln" kann als durchsetzungsorientiert beschrieben werden und zielt auf eine Akzeptanz der eigenen Position bei Dritten ab.

Das „Entscheiden" als letzte Kompetenzfacette ist ergebnisorientiert. Verschiedene Lösungsstrategien werden gegeneinander abgewogen um dem Ziel einer Entscheidungsfindung gerecht zu werden: „Entscheiden ist der Prozess des Wählens zwischen mindestens zwei Optionen [...]" (Detjen et al. 2012, S. 82).

Kompetenzdimension Politische Einstellung und Motivation

Wird der Begriff der Einstellung verwendet, so wird mit diesem in der Psychologie eine kognitive Aktivität bezeichnet, welche der Wahrnehmung und dem Denken zuvorkommt. „Einstellungen sind demnach individuelle Besonderheiten in der Bewertung konkreter Objekte der Wahrnehmung oder des Denkens" (Detjen et al. 2012, S. 89). Motivation veranlasst eine Person, eine bestimmte Handlungsalternative auszuwählen, um ein bestimmtes Ergebnis zu erreichen und sorgt dafür, dass diese Person ihr Verhalten hinsichtlich Richtung und Intensität beibehält (vgl. Kirchgeorg und Maier 2023, siehe https://l.fobizz.com/Motivation).

Zu den Kompetenzfacetten der Kompetenzdimension Politische Einstellung und Motivation zählen das politische Interesse, das politische Selbstbewusstsein, das politische Systemvertrauen und die politischen Werte.

Politisches Interesse betrifft vor allem die „Neugier an der Politik" (Detjen et al. 2012, S. 108). Das politische Interesse hat darüber hinaus einen Einfluss auf das politische Selbstbewusstsein. Schätzt man seine eigenen politischen Fähigkeiten als eher groß ein, steigt auch das Interesse gegenüber der Politik und die Auseinandersetzung mit ihr. Das politische Selbstbewusstsein meint die Einschätzung, dass man Politik versteht, sie angemessen zu beurteilen vermag und erfolgreich Einfluss auf sie nehmen kann.

Die Kompetenzfacette Systemvertrauen beschreibt die Zustimmung des Individuums zum politischen System und die Unterstützung des Individuums, dieses System weiterzuführen. In diesem Zusammenhang geht es nicht um ‚blindes' Systemvertrauen, der Schwerpunkt liegt vielmehr darauf, „Demokratie" als Sammelbegriff für moderne Lebensformen und politische Ordnung anzuerkennen (vgl. Schubert/Klein 2011, S. 71). Dabei ist für eine „funktionierende Demokratie" das Vertrauen essenziell (vgl. Lobo 2023).

Die letzte Kompetenzfacette nennen Detjen et al. (2012) „Bürgertugend". Der Begriff „Bürgertugend" hat seine Ursprünge in der Antike und wurde durch die Philosophie der Aufklärung sowie die bürgerliche Kultur weiterentwickelt. Er beschreibt Tugenden und Verhaltensweisen, die als zentral für das Wohl und die Stabilität eines Gemeinwesens angesehen werden, und verbindet ethische Prinzipien mit der aktiven Teilnahme am politischen und gesellschaftlichen Leben. Die heutige Begriffsverwendung ist jedoch häufig distanziert.Deshalb wird der Begriff in diesem Beitrag durch „politische Werte" ersetzt. Diese Kompetenzfacette kann im Unterricht durch die kognitive Auseinandersetzung mit den Normen und Werten unserer freiheitlich demokratischen Grundordnung z. B. Achtung der Würde, des Wertes und der Freiheit eines jeden Menschen, Geltung des Rechts, Streben nach Gerechtigkeit gefördert werden.

Detjen et al. (2012) machen deutlich, dass politische Bildung über das reine Vermitteln von Wissen hinausgeht. Sie betonen die Bedeutung von kritischem Denken, Urteilsvermögen und Handlungskompetenz, um Schülerinnen und Schüler zu befähigen und zu motivieren, aktiv an politischen Prozessen teilzunehmen und zur Entwicklung der Demokratie beizutragen.

Abb. 5: Comic „Was ist Politikkompetenz?" (Quelle: Eigene Darstellung)

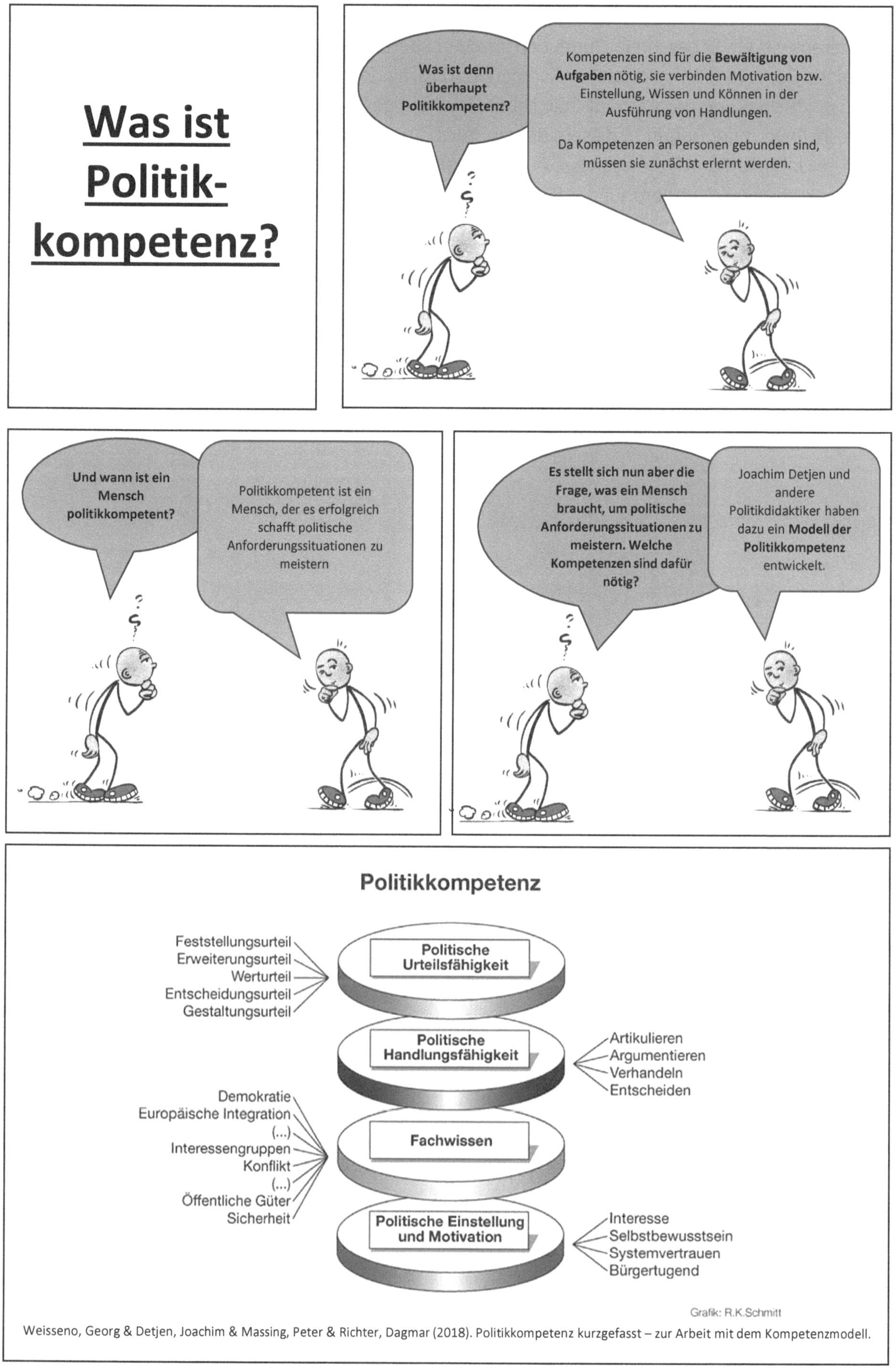

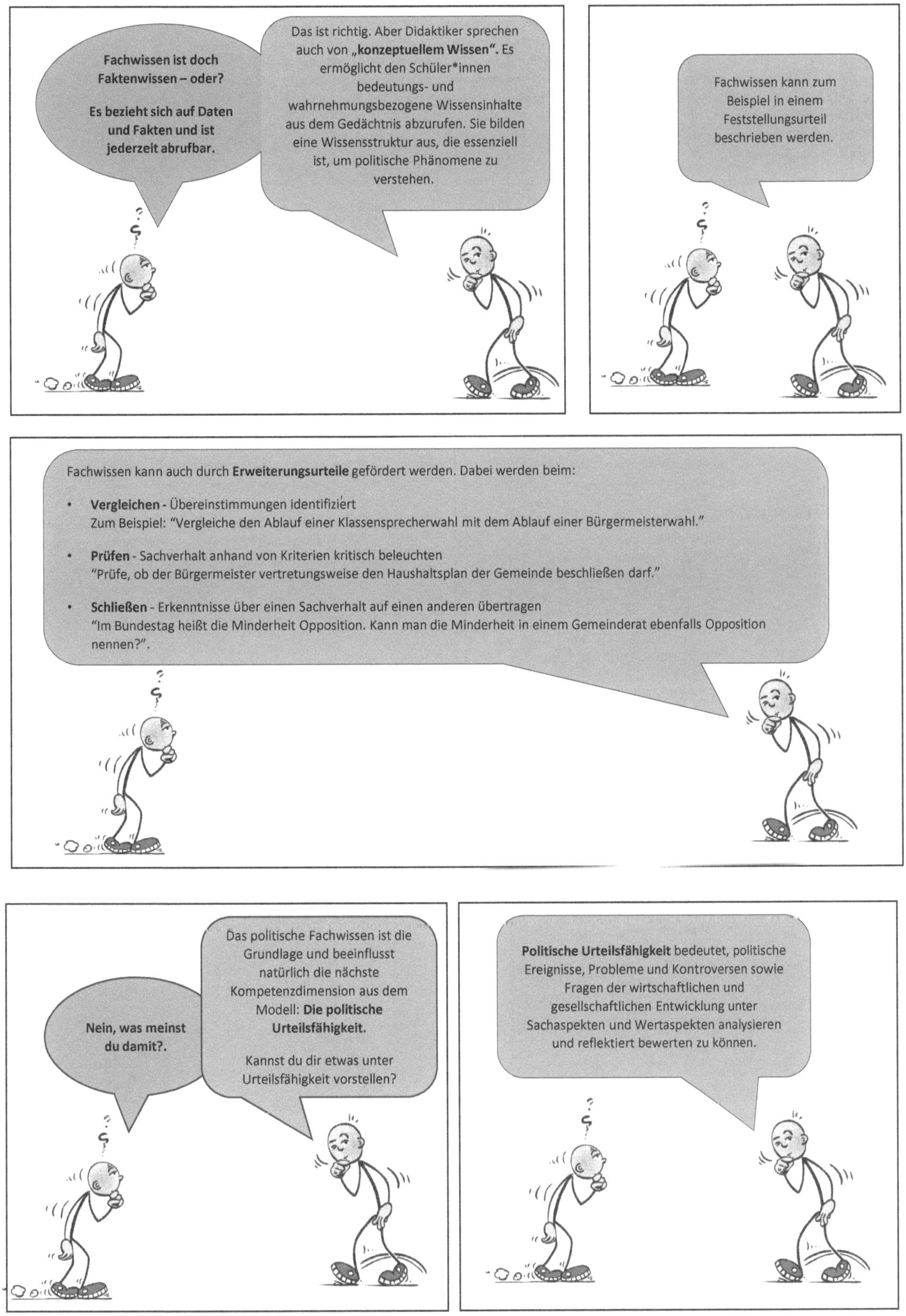
Fachwissen ist doch Faktenwissen – oder?

Es bezieht sich auf Daten und Fakten und ist jederzeit abrufbar.
Das ist richtig. Aber Didaktiker sprechen auch von „konzeptuellem Wissen". Es ermöglicht den Schüler*innen bedeutungs- und wahrnehmungsbezogene Wissensinhalte aus dem Gedächtnis abzurufen. Sie bilden eine Wissensstruktur aus, die essenziell ist, um politische Phänomene zu verstehen.
Fachwissen kann zum Beispiel in einem Feststellungsurteil beschrieben werden.
Fachwissen kann auch durch Erweiterungsurteile gefördert werden. Dabei werden beim:
• Vergleichen - Übereinstimmungen identifiziert
Zum Beispiel: "Vergleiche den Ablauf einer Klassensprecherwahl mit dem Ablauf einer Bürgermeisterwahl."
• Prüfen - Sachverhalt anhand von Kriterien kritisch beleuchten
"Prüfe, ob der Bürgermeister vertretungsweise den Haushaltsplan der Gemeinde beschließen darf."
• Schließen - Erkenntnisse über einen Sachverhalt auf einen anderen übertragen
"Im Bundestag heißt die Minderheit Opposition. Kann man die Minderheit in einem Gemeinderat ebenfalls Opposition nennen?".
Nein, was meinst du damit?.
Das politische Fachwissen ist die Grundlage und beeinflusst natürlich die nächste Kompetenzdimension aus dem Modell: Die politische Urteilsfähigkeit.

Kannst du dir etwas unter Urteilsfähigkeit vorstellen?
Politische Urteilsfähigkeit bedeutet, politische Ereignisse, Probleme und Kontroversen sowie Fragen der wirtschaftlichen und gesellschaftlichen Entwicklung unter Sachaspekten und Wertaspekten analysieren und reflektiert bewerten zu können.

Grundsätzlich sind **politische Urteile** normative Urteile. Es soll eine Bewertung bzw. Stellungnahme oder Entscheidung formuliert werden.
Werturteile: bewerten das Ergebnis
Zum Beispiel: „Ist eine Klassensprecherwahl in der Wahrnehmung von Schülerinnen und Schülern sinnvoll?"
Entscheidungsurteile: beschäftigen sich mit einer Handlung, die entweder ausgeführt werden soll oder nicht. Dabei finden eine Abwägung statt, bei der Vor- und Nachteile der Optionen Handeln und Nicht-Handeln verglichen werden. Zum Beispiel: „Soll der Klassensprecher durch einen Klassenrat ersetzt werden?"
Bei Gestaltungsurteilen wird sachlichen Problemen eine inhaltliche Lösung zugefügt. Zum Beispiel: „Welche Maßnahmen soll die Stadt ergreifen, um die Integration von zugewanderten Kindern zu erleichtern?

Ehrlich gesagt nicht, kannst du mir das erklären?
Die **Politische Urteilsfähigkeit** beeinflusst natürlich wieder stark die politische Handlungskompetenz. Wenn die Schüler*innen Urteile bilden können, dann motiviert dies ggf. das politische Handeln. Kannst du dir unter der Dimension „Politische Handlungskompetenz" etwas vorstellen?

Handeln wird beschrieben als: Wahrnehmungen, Gedanken, Emotionen, Fertigkeiten, Aktivitäten, um Ziele zu erreichen oder sich von unerreichbaren Zielen zurückzuziehen.

Politisches Handeln kann in zwei Varianten erfolgen:
Kommunikatives politisches Handeln: Gespräche und Diskussionen
Partizipatives politisches Handeln: Teilnahmen an Wahlen oder Demonstrationen und Protesten
Es gibt verschiedene **Facetten: Artikulieren, Argumentieren, Verhandeln und Entscheiden.**
Nun fehlt noch die letzte Kompetenz, die da wäre?

Puh, irgendwas mit Motivation, oder?
Die **politische Einstellung und die Motivation** der Schüler*innen spielt natürlich auch eine große Rolle im Unterricht.

Quellen:

- Weißeno, Georg [u.a.]: Politikkompetenz kurzgefasst – zur Arbeit mit dem Kompetenzmodell. In: Politische Kompetenzen fördern. Hrsg. von Siegfried Frech und Dagmar Richter. Schwalbach am Taunus: Wochenschau 2013 (= Didaktische Reihe), S. 246-276.
- Detjen, Joachim [u.a.]: Politikkompetenz – Ein Modell. Wiesbaden: Springer 2012.
- Reinhardt, Sibylle: Politik Didaktik – Handbuch. Berlin: Cornelsen 2018.

Überwältigungsverbot, Kontroversitätsgebot und Schüler*innenorientierung als Minimalanforderung an die politische Bildung – der Beutelsbacher Konsens

Der Beutelsbacher Konsens wurde „zu Zeiten erheblicher politischer Auseinandersetzung über Ziele und Wege politischer Bildung" (Overwien 2021, S. 119) formuliert. Er entstand 1976 auf einer Tagung in Beutelsbach/Baden Württemberg mit dem Ziel eine gemeinsame Grundlage für die politische Bildung zu entwickeln. Auch wenn die teils „normative Unbestimmtheit" (Geßner et al. 2016, S. 28) zu einer großen Interpretationsfreiheit bezüglich der Prinzipien führt, gilt der Beutelsbacher Konsens als weithin akzeptierter Minimalkonsens der politischen Bildung.

Der „Beutelsbacher Konsens" umfasst drei Grundprinzipien: Das Überwältigungsverbot, das Kontroversitätsgebot und die Schüler*innenorientierung.

Erster Grundsatz: Überwältigungsverbot

> *„Es ist nicht erlaubt, den Schüler mit welchen Mitteln auch immer – im Sinne erwünschter Meinungen zu überrumpeln und damit an der ‚Gewinnung eines selbständigen Urteils' zu hindern. Hier genau verläuft nämlich die Grenze zwischen Politischer Bildung und Indoktrination. Indoktrination aber ist unvereinbar mit der Rolle des Lehrers in einer demokratischen Gesellschaft und der – rundum akzeptierten – Zielvorstellung von der Mündigkeit des Schülers." (Wehling zit. nach Reinhardt 2018, S. 30)*

Das Überwältigungsverbot oder auch Indoktrinationsverbot genannt, soll also die Lernenden vor Beeinflussung schützen und somit die Entwicklung der individuellen Mündigkeit fördern.

Zweiter Grundsatz: Kontroversitätsgebot

> *„Was in Wissenschaft und Politik kontrovers ist, muss auch im Unterricht kontrovers erscheinen. Diese Forderung ist mit der vorgenannten aufs engste verknüpft, denn wenn unterschiedliche Standpunkte unter den Tisch fallen, Optionen unterschlagen werden, Alternativen unerörtert bleiben, ist der Weg zur Indoktrination beschritten. Zu fragen ist, ob der Lehrer nicht sogar eine Korrekturfunktion haben sollte [...]." (Wehling zit. nach Reinhardt 2018, S. 30)*

Im Unterricht muss also sichergestellt sein, dass alle Themen, welche in Politik und Wissenschaft kontrovers erscheinen, auch im Unterricht als solche behandelt werden. Es müssen alle unterschiedlichen Positionen zu einem Sachverhalt erörtert werden. Aufgabe der Lehrkraft ist es, auch die Positionen der Minderheiten aufzuzeigen und dafür zu sorgen, dass alle Standpunkte hinreichend herausgearbeitet werden. Werden alle Standpunkte aufgezeigt, so liegt es an den Lernenden selbst, sich eine eigene Meinung zu bilden. Die Darstellung verschiedener Kontroversen macht den Unterricht interessant und fördert die Auseinandersetzungen mit den Unterrichtsinhalten. Es ist jedoch zu beachten, inwieweit sich die Kontroversen entfalten können und dürfen. „Extremistische Positionen, die dem fundamentalen Kern der Verfassung wiedersprechen, können also im Reigen der Kontroversen nach Beutelsbach nicht gleichwertig neben anderen Positionen stehen" (Schiele 2016, S. 72).

Dritter Grundsatz: Schüler*innenorientierung

> *„Der Schüler muss in die Lage versetzt werden, eine politische Situation und seine eigene Interessenlage zu analysieren, sowie nach Mitteln und Wegen zu suchen, die vorgefundene politische Lage im Sinne seiner Interessen zu beeinflussen. Eine solche Zielsetzung schließt in sehr starkem Maße die Betonung operationaler Fähigkeiten ein, was eine logische Konsequenz aus den beiden vorgenannten Prinzipien ist." (Wehling zit. nach Reinhardt 2018, S. 30)*

Der dritte Grundsatz des Beutelsbacher Konsens zeigt erneut auf, dass die Schüler*innen im Zentrum politischer Bildung stehen. Die Lernenden sollen befähigt werden, Situationen und Gegebenheiten zu analysieren und sich ihrer eigenen Interessen bewusst zu werden und überlegt in politischen Situationen zu handeln. Es ist somit die Aufgabe der politischen Bildung und auch der Lehrkräfte, operationale Fähigkeiten der Schüler*innen zu fördern, um politisches Handeln zu ermöglichen (vgl. Schiele 2016).

Als Meilenstein für die politische Bildung in der Bundesrepublik Deutschland findet dieser Minimalkonsens heute eine breite Anerkennung (vgl. Sander 2014, S. 15–30). Er dient als Leitlinie, um politische Bildung demokratisch und pluralistisch zu gestalten und extremistischen Tendenzen entgegenzuwirken.

Didaktische Prinzipien – Brücken zwischen den fachlichen Inhalten und den Schülerinnen und Schülern

Fachdidaktische Prinzipien erlauben es „Ausschnitte aus der komplexen Vielfalt des Politischen zu bilden, die [...] als Lerngegenstände politischer Bildung geeignet sind" (Sander 2008, S. 190). Insofern sind sie hilfreich bei der Frage nach der Auswahl und Strukturierung der Unterrichtsthemen. Zudem geben sie Antworten auf die Frage nach der Art und Weise, wie gelernt werden soll. Sie dienen also als Erschließungsinstrumente der fachdidaktischen Transformation und zeigen Lernwege auf, da sie mit bestimmten Methoden in Verbindung stehen.

Es gibt eine Vielzahl fachdidaktischer Prinzipien, die für die Arbeit in der Grundschule bedeutsam sind. Dabei bilden die didaktischen Prinzipien der Schüler*innenorientierung, der Kontroversität, der Handlungsorientierung, der Problemorientierung und des exemplarischen Lernens das „didaktische Rückgrat" (Hubacher 2021, siehe https://l.fobizz.com/Hubacher). Es muss jedoch beachtet werden, dass die Prinzipien politischer Bildung stetig – unter Berücksichtigung gesellschaftlicher Entwicklung – neu diskutiert und justiert werden. So ist aktuell strittig, ob das Prinzip der Aktualität in den Kanon der Prinzipien sozialwissenschaftlicher Fachdidaktik aufgenommen werden soll (vgl. Achour et al. 2020, S. 25 f.; vgl. Zurstrassen 2021, S. 110 f.).

*Schüler*innenorientierung*

Als Teil des Beutelsbacher Konsenses gehört die Orientierung an den Lernenden zum elementaren Kern politischer Bildung.

„Lerngegenstände sollten so ausgewählt und strukturiert werden, dass sie an Vorwissen und Voreinstellungen der Adressaten über Politik anschlussfähig sind und dass die Adressaten als Subjekte ernst genommen sowie ihre Lebenserfahrung und Lerninteressen berücksichtigt werden." (Sander 2008, S. 191)

Die Schüler*innen sollen also nicht nur die gesellschaftlichen, sondern auch die eigenen Interessen analysieren lernen. Folglich baut schüler*innenorientierter Unterricht auf dem Vorwissen und den bestehenden Konzepten der Lernenden auf, systematisiert und erweitert diese. Die Lehrerinnen und Lehrer müssen daher die Präkonzepte ihrer Schüler*innen kennen.

Die Bezeichnungen „Schüler*innenorientierung" und „Adressaten*innenorientierung" werden häufig synonym verwandt. Im Begriff „Adressat*innenorientierung" wird deutlich, dass es neben der schulischen auch die außerschulische politische Bildung gibt.

Kontroversität

Als ein Prinzip des Beutelsbacher Konsenses, richtet sich das Kontroversitätsgebot auf das Curriculum, den Unterricht sowie die Gestaltung der Lernumgebung (vgl. Grammes 2014, S. 266). Wolfgang Sander schreibt hierzu:

„Lerngegenstände sollten so ausgewählt und strukturiert werden, dass die kontroverse Struktur des Politischen erkennbar wird." (Sander 2008, S. 196)

Um ein politisches Urteil fällen zu können, müssen die Lernenden „unterschiedliche politische Meinungen, Perspektiven und Ausrichtungen rezipieren und sich mit diesen als Bildungsgegenstände kritisch auseinandersetzen." (Juchler 2022, S. 64). Für Schüler*innen bedeutet das, dass sie sich zunächst der Meinungspluralität stellen müssen, um dann für sich ein politisches Urteil fällen zu können.

Handlungsorientierung

Das Prinzip der Handlungsorientierung stellt die Art und Weise des Lernens ins Zentrum.

„Lerngegenstände sollen in Lernsituationen so thematisiert werden, dass die Lernenden vielfältige Gelegenheiten zu einem aktiv-handelnden Umgang mit ihnen erhalten." (Sander 2008, S. 198)

Vordergründig geht es im handlungsorientierten Unterricht darum, an der Handlung orientiert zu lernen. Dabei ist für die Handlungsorientierung die Verknüpfung von Handeln und Reflexion immanent wichtig.

Neben der Vorstellung Handlungsorientierung als *Methode* zu sehen, kann Handlungsorientierung auch *Ziel* politischer Bildung sein. „Handlungsorientierung wird – oftmals unter Verwendung der Begriffe ‚politisches Handeln', ‚politische Partizipation' oder ‚politische Aktion' – als konzeptionelle Zugriffsweise und -form auf den Gegenstand des Politischen [...] beschrieben." (Wohnig 2022, S. 251).

„Handlungsorientierung ist somit Teil einer Abfolge politikdidaktischer Ziele: politische Wissensaneignung – Erkennen der eigenen Interessen – politische Urteilsbildung – politisches Handeln." (Wohnig 2022, S. 255).

Problemorientierung

Probleme zu bearbeiten oder zu lösen ist ein zentrales Element des Politischen. Es liegt somit nahe, politische Bildung am Prinzip der Problemorientierung auszurichten (vgl. Goll 2014, S. 258).

„Lerngegenstände sollten so ausgewählt und strukturiert werden, dass der Problemgehalt des Politischen erkennbar werden kann." (Sander 2008, S. 194)

Problemorientierter Unterricht geht von einer Problemstellung oder einer Leitfrage aus. Diese darf durchaus vielschichtig und komplex sein und sich sowohl auf Alltagsentscheidungen als auch auf grundsätzliche Fragen beziehen: Problemorientierte Fragen sind beispielsweise: Kann man mit gutem Gewissen in den Urlaub fliegen? Wofür sollen freie finanzielle Mittel der Kommunen eingesetzt werden? Wer entscheidet darüber, welche Regeln im öffentlichen Raum – beispielsweise auf dem Spielplatz – gelten? Problemorientierte Fragen zeichnet aus, dass sie weder mit ‚Ja' oder ‚Nein' beantwortet werden. Sie erfordern vielmehr eine komplexe und kontroverse Auseinandersetzung. Ein problemorientierter Unterricht berücksichtigt auf diese Weise das Prinzip der Kontroversität und bahnt politische Urteilskompetenz an. Idealtypisch folgt der Unterricht dem Dreischritt: a) Situationsanalyse: Was ist? b) Möglichkeitserörterung: Was ist politisch möglich? c) Urteilsbildung/Entscheidungsdiskussion: Was soll geschehen?

Exemplarisches Lernen

> *„Lerngegenstände sollten so ausgewählt und strukturiert werden, dass an konkreten politischen Einzelbeispielen verallgemeinerbare Erkenntnisse über Politik gewonnen werden können." (Sander 2008, S. 193)*

Nach Martin Wagenschein ist das exemplarische Betrachten das Gegenteil des Spezialistentums. „Es will nicht vereinzeln; es sucht im Einzelnen das Ganze" (Wagenschien 2023, siehe https://l.fobizz.com/Wagenschein). Der Kompetenzerwerb vollzieht sich beim exemplarischen Lernen in folgenden Schritten: a) Auswahl und Beschreibung des Exemplums; b) Aufzeigen allgemeiner, abstrakter Wahrheit; c) Bewältigung neu auftretender Fälle.

Methoden zur politischen Bildung in der Grundschule – ein Überblick

Als „Wege zum Ziel des Unterrichts" beschreibt Anke Götzmann (2020, S. 3) didaktische Methoden. Sie sollen bestimmte Lernprozesse auslösen, indem sie genau auf die Thematik, die Unterrichtssituation, die Lerngruppe, und die Lehrkraft abgestimmt werden. Um Unterrichtsmethoden von einzelnen Lernsequenzen wie zum Beispiel der Übung abzugrenzen, definieren Wiechmann und Wildhirt (2015, S. 13) die Unterrichtsmethoden als „Planungs- und Realisierungsmuster, die sich auf die Gestaltung längerer, didaktisch in sich geschlossener Unterrichtsequenzen beziehen."

In der Politikdidaktik existiert eine große Methodenvielfalt. Zur Inspiration sollen an dieser Stelle die im „Handbuch politische Bildung" (Sander und Pohl 2022) aufgeführten Methoden dienen:

- In Gesprächen lernen
- Mit Texten lernen
- Mit Bildern und Filmen lernen
- Mit narrativen Medien lernen
- Mit digitalen Medien lernen
- Spielend lernen
- Forschend lernen
- Vor Ort lernen
- Reisend lernen

Für die Arbeit in der Grundschule bieten Baumgardt und Lange (2022) eine angepasste Methodenauswahl an. In ihrem Handbuch werden die folgenden Methoden vorgestellt, erläutert und fachdidaktisch diskutiert:

- Zukunftswerkstatt
- Fishbowl und World Café
- Rollenspiel
- Spiele
- Stationenlernen
- Lernen am Phänomen
- Außerschulische Lernorte
- Expert*inneninterview
- Lernen mit historischen Quellen
- Zeitzeug*innenbefragung
- Klassenrat und Schüler*innenmitbestimmung
- Philosophieren mit Kindern

In den folgenden Modulen wird auf einige der genannten Methoden eingegangen.

Zusammenfassung des theoretischen Teils

Etwas holzschnittartig werden die Planungsschritte der Roadmap in folgender Grafik zusammengefasst.

Abb. 6: Planungsschritte (Quelle: Eigene Darstellung)

1. Schritt 	**Über welches politische Wissen und welche Konzepte verfügen Kinder im Grundschulalter?** *Hier kann politischer Sachunterricht ansetzen und die Erfahrungen der Lernenden weiterführen.*	**Einige Methoden zur Erhebung des Vorwissens** • Brainstorming • Mind Map • Kinderzeichnungen • Befragungsbogen • Positionslinie
2. Schritt 	**Welches Thema passt, um politische Bildung zu fördern?** Welches didaktische Prinzip trägt den Unterricht?	**Prinzipien sozialwissen-schaftlicher Fachdidaktik** • Schüler*innenorientierung • Kontroversität • Handlungsorientierung • Problemorientierung • Exemplarisches Lernen • Projektorientierung • Entdeckendes Lernen • Aktualität
3. Schritt 	**Welche Methoden sind geeignet?**	**Methoden** (eine Auswahl) • Pro-Conta-Debatte • Brainstorming • Conceptmappping • Expert*inneninterview • Fallstudie • Zukunftswerkstatt • Talkshow • Lernen mit Texten • Mit Bildern lernen • Spielend lernen • Forschend lernen • Vor Ort lernen • Philosophieren mit Kindern
4. Schritt 	**Konkrete Beispiele für den Unterricht in der Primarstufe**	**Politische Prozesse analysieren lernen:** *Partizipation – ohne Beteiligung geht's nicht* **„Elemente der Demokratie" erlernen:** *Prinzipien demokratischer Wahlen* **Poltisches Wissen ausbauen:** *Die Kette der Bürgermeisterin/des Bürgermeisters*
5. Schritt 	**Folgende Dimensionen der Politikkomptenz werden gefördert**	**Pol. Urteilsfähigkeit** • Feststellungurteil • Erweiterungsurteil • Werturteil • Entscheidungsurteil • Gestaltungsurteil **Pol. Handlungsfähigkeit** • Artikulieren • Argumentieren • Verhandeln • Entscheiden **Pol. Fachwissen** **Pol. Einstellung & Motivation** • Interesse • Selbstbewusstsein • Systemvertrauen • Pol. Werte

Teil II: Praxisnahe Bildungsangebote

Modul „Politische Prozesse analysieren lernen: Partizipation – ohne Beteiligung geht's nicht"

Was kann anhand dieses Moduls gelehrt/gelernt/entdeckt werden?

„Wir leben in einer Demokratie" hört man oft. Intuitiv haben wir eine Vorstellung von dem, was das bedeutet. Wichtige Grundlagen der Demokratie sind die Anerkennung der Menschenwürde, des Demokratieprinzips und der Rechtsstaatlichkeit. Dieser geläufige Begriff von Demokratie grenzt das Verständnis von Demokratie auf den Bereich des Staates, seiner Funktion und Aufgaben ein. In der Literatur wird Demokratie aber auch sehr viel weiter definiert. Demokratie wird heute vielmehr als eine spezifische Form menschlicher, gesellschaftlicher und politischer Kooperation betrachtet.

> *„Sie [die Demokratie] wird als stets neuer gesellschaftlicher Lernprozess, als ein stetiger gesellschaftlicher Selbst- und Neuschöpfungsprozess beschrieben, der von der Basis her immer wieder neu aufgebaut werden muss." (Himmelmann 2004, S. 8)*

Für die Teilhabe am Prozess der Gestaltung der Demokratie müssen junge Menschen begeistert werden und benötigen zudem spezifische Kompetenzen.

Das fachdidaktische Modul „Partizipation – ohne Beteiligung geht's nicht" behandelt die Fragen: „In welcher Gesellschaft wollen wir leben?", „Welche gesellschaftlichen Probleme gibt es?" und „Wie können wir uns beteiligen?". Anhand einer Zukunftswerkstatt und eines in einem Comic dargestellten Problems sollen die Fähigkeiten der Schüler*innen, politische Gestaltungsurteile zu entwickeln, die Artikulations- und Argumentationskompetenzen, das Wissen zum Fachkonzept „Demokratie" sowie politisches Interesse und Selbstbewusstsein gestärkt werden.

Vorstellungen der Grundschüler*innen zu politischer Teilhabe

Das Vorwissen von Kindern zur politischen Beteiligung kann stark variieren und hängt von unterschiedlichen Faktoren ab. Kinder können frühzeitig Einblicke in politische Angelegenheiten erhalten, wenn ihre Eltern oder andere Familienangehörige sich aktiv für politische Themen interessieren oder engagieren. Soziale Interaktionen wie Gespräche und Diskussionen über politische Themen können das Interesse wecken und schließlich können Kinder durch persönliche Erfahrungen, wie beispielsweise der Teilnahme an der Schülermitwirkung oder durch Schulprojekte erste Einblicke in politische Entscheidungsfindung erhalten. Gleichwohl ist es wichtig zu beachten, dass die Vorstellungen von politischer Partizipation und politischen Entscheidungsprozessen in der Regel sehr vage sind und es ihnen schwerfällt, Lösungsansätze für politische Themen zu finden (vgl. Abendschön et al. 2007). Vor diesem Hintergrund ist es die Aufgabe der Schule, eine systematische politische Bildung zu fördern und sicherzustellen, dass Schüler*innen die notwendigen Informationen haben, um aktiv in politischen Angelegenheiten mitwirken zu können. So sieht der nordrhein-westfälische Lehrplan vor, dass die Schüler*innen am Ende der vierten Klasse demokratische Entscheidungsprozesse im politischen Zusammenhang erklären können (vgl. Ministerium für Schule und Bildung des Landes Nordrhein-Westfalen 2021, S. 185). Das folgende Modul soll hierauf vorbereiten.

Fachliche Klärung des Lerninhalts – die Politikfeldanalyse

Abb. 7: Comicgeschichte zur Veranschaulichung der Phasen eines Politikzyklus

(Quelle: Luisa Krüger/ Katharina Nitsche, Seminar „Lernfeld Sozialwissenschaften" der Universität Münster, SoSe 2021.)

Politische Prozesse durchlaufen typische Stadien, die mithilfe des Politikzyklus in einen Zusammenhang gebracht werden. Das Teilgebiet der Politikwissenschaft, das sich mit der Untersuchung konkreter Politikbereiche befasst nennt sich ‚Politikfeldanalyse' (vgl. Schubert und Klein 2021). Im Wesentlichen rücken bei der Politikfeldanalyse die inhaltliche Dimension (policy) und der aktive durch Konflikt und Konsens gekennzeichnete Prozess der Verhandlungen (politics) in das Blickfeld. Es geht vor allem um konkrete Entscheidungsprozesse, Ergebnisse und Wirkungsprozesse. Zweck der Politikfeldanalyse ist der Versuch der Erarbeitung von Problemlösungen.

Im Folgenden werden typische Stadien eines Politikzyklus (vgl. M1.1) anhand einer Comicgeschichte (vgl. M1.2) beschrieben. Die im Comic dargestellte Geschichte beschreibt einen Prozess, der so an einer nordrhein-westfälischen Grundschule stattgefunden hat.

Am Anfang des *Politikzyklus* (vgl. M1.3) steht häufig ein spezifisches *politisches Problem* oder Defizit. In der Geschichte zeigt sich dieses Problem bzw. Defizit darin, dass die Schüler*innen auf ihrem Spielplatz gern Mülleimer hätten, da sich jemand von ihnen an herumliegenden Scherben verletzt hat. Darauffolgend versuchen die Kinder das Problem auf die *politische Tagesordnung* zu bringen. Im Comic geschieht das dadurch, dass sie Unterschriften sammeln und die Liste anschließend an einen Kommunalpolitiker übergeben, der im Stadtrat tätig ist. Das Mitglied des Stadtrates spricht den Wunsch der Kinder in der nächsten Fraktionssitzung an. Schließlich verfasst die Fraktion einen Antrag. Im Rahmen dieses Antrags werden *konkrete Maßnahmen (policies)* zur Lösung des Problems formuliert. Nach der erfolgreichen Abstimmung über die Maßnahmen im Stadtrat folgt die Phase der *Politikimplementation*, d.h. Maßnahmen werden in die Praxis umgesetzt. Im Comic beauftragt der Bürgermeister die Mitarbeiter*innen der Verwaltung finanzielle Mittel bereit zu stellen, Standorte für Abfallbehälter festzulegen und Mülleimer zu erwerben. Der Comic endet mit der Fertigstellung der Maßnahmen. Die letzten Phasen des Politikzyklus – die *Evaluation* und Fragen der *Terminierung oder Neuformulierung* werden in der Geschichte nicht mehr thematisiert.

Abb. 8: Politikzyklus (Quelle: Eigene Darstellung)

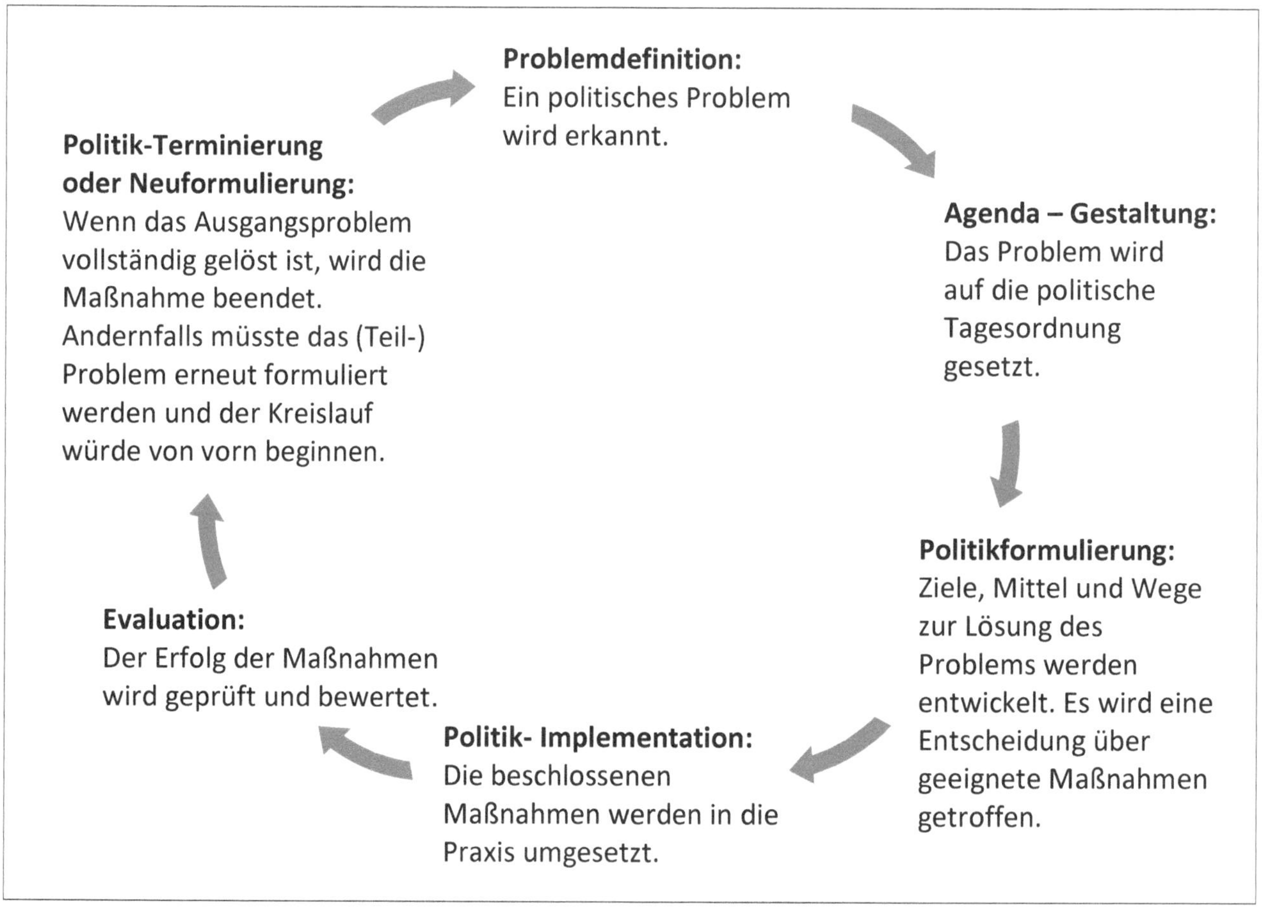

Fachdidaktische Rahmung

Fachdidaktisches Prinzip: Problemorientierung

Im vorliegenden Modul sollen die politischen Kompetenzen der Schüler*innen unter Berücksichtigung des fachdidaktischen Prinzips „Problemorientierung" gefördert werden. Dabei geht problemorientierter Unterricht von einer Problemstellung oder einer Leitfrage aus. Die problemorientierte Frage lautet: Wie erreichen wir, dass Müll auf unserem Spielplatz kein Ärgernis mehr darstellt? Problemorientierte Fragen erfordern eine systematische Auseinandersetzung mit dem Thema.

Methoden: Zukunftswerkstatt und Comicgeschichten analysieren

Zukunftswerkstatt

Als Methode dient die Zukunftswerkstatt, da diese versucht, die politische Dimension für die Lösung gesellschaftlicher Probleme zu finden und Probleme nicht pädagogisiert und personalisiert (vgl. Zurstrassen 2022). Als konkretes Beispiel wird eine wahre Begebenheit an der St. Norbert-Schule – Katholische Grundschule der Stadt Vreden herangezogen. Im Folgenden wird die Methode der Zukunftswerkstatt vorgestellt.

Die Zukunftswerkstatt soll Ängste der politischen Teilhabe überwinden, starren Denkmustern entgegenwirken und allen Bürger*innen die Möglichkeit geben, eigene politische Ideen für die zukünftige Entwicklung der Gesellschaft zu formulieren und sich über diese mit anderen auszutauschen. Die Zukunftswerkstatt ermöglicht vielen Menschen die Beteiligung an Entscheidungsprozessen (vgl. Meierhenrich 2021, S. 506).

Die Zukunftswerkstatt lässt sich nach Zurstrassen (2022) in sechs Phasen gliedern.

Abb. 9: Phasen einer Zukunftswerkstatt (Quelle: Eigene Darstellung)

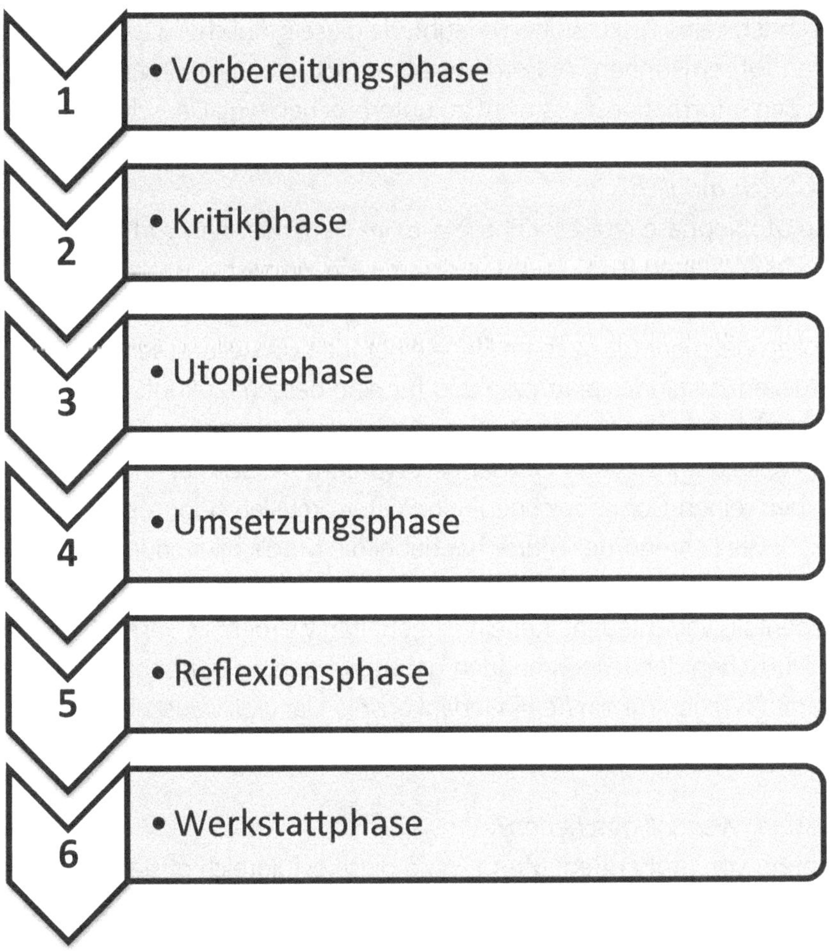

In diesem Modul folgt die Zukunftswerkstatt dem Dreischritt des fachdidaktischen Prinzips der Problemorientierung: Situationsanalyse – was ist? (Vorbereitungsphase und Kritikphase), Möglichkeitserörterung – was ist politisch möglich? (Utopie- oder Phantasiephase) und Urteilsbildung/Entscheidungsdiskussion – was soll geschehen? (Umsetzungs- oder Verwirklichungsphase).

a) Situationsanalyse: Was ist?

Die erste Phase ist die Vorbereitungsphase. In der Vorbereitungsphase beschäftigen sich die Schüler*innen zuerst mit der Themenfindung. Dabei verständigen sich die Lernenden auf dringend lösungsbedürftige Themen. Die Schüler*innen einigen sich somit auf eine gesellschaftliche Problematik ihrer Lebensrealität, mit welcher sie sich in der gesamten Zukunftswerkstatt auseinandersetzen, als Beispiel dient das Thema „Müll auf unserem Spielgelände an der Schule". Darüber hinaus muss die Lehrerin/der Lehrer die inhaltlich-methodische Planung vornehmen sowie organisatorische und praktische Vorbereitungen für die jeweilige Phase der Zukunftswerkstatt treffen.

Die zweite Phase der Zukunftswerkstatt ist die Kritikphase. In der zweiten Phase wählt die Lehrerin/der Lehrer einen Einstiegsimpuls, mit welchem die Zukunftswerkstatt eröffnet wird. Im vorliegenden Beispiel könnte es etwa ein Foto des stark vermüllten Spielgeländes sein. Das Bild knüpft an die Erfahrungen der Schüler*innen an. Selbstverständlich sind auch diverse andere Einstiegsimpulse wie beispielsweise ein kleiner Filmauszug, eine Mindmap etc. wählbar (vgl. Zurstrassen 2022). In dieser Phase soll möglichst konkret und unbeschönigt Kritik am zuvor festgelegten Sachverhalt geübt werden. Die Gedanken, Kommentare und Meinungen der Schüler*innen werden festgehalten und nach thematischen Schwerpunkten geordnet und kategorisiert. Die Schüler*innen äußern vermutlich ihren Unmut über den vermüllten Spielplatz und sehen die vorliegende Müllsituation nicht als individuelles, sondern als ein gemeinsames Problem an. Um die Kritikphase erfolgreich bewältigen zu können, müssen sich die Schüler*innen an vorher festgelegte Regeln halten. In der Kritikphase werden nämlich noch keine Lösungsvorschläge gesammelt, sondern ausschließlich negative Kritik. Des Weiteren sind noch keine Diskussionen erlaubt, da diese möglicherweise die Beteiligung mindern und zu Unsicherheiten führen können. Außerdem sollten sich die Teilnehmer*innen nur kurz bzw. in Stichworten äußern, um den Informationsfluss nicht zu unterbrechen (vgl. Dauscher 2019).

b) Möglichkeitserörterung: Was ist politisch möglich?

Die darauffolgende dritte Phase ist die Utopiephase. In dieser Phase wird im Gegensatz zur vorherigen Phase die Kritik ‚umgewandelt' und die Schüler*innen formulieren und sammeln Wünsche, wie zum Beispiel einen Mülldienst, oder ein Verbot von Konsumgütern auf dem Schulhof. Diese Wünsche müssen in keiner Weise der Realität entsprechen, sie sollen viel mehr utopisch im Sinne einer Idealvorstellung sein. Die Wünsche sollen zur Verbesserung des aktuellen Zustandes beitragen und für eine bessere Zukunft sorgen. Die Schüler*innen versuchen nun ihre Wünsche in Form eines utopischen Entwurfs zu skizzieren. Die Ergebnisse dieser Phase können auf vielfältige Weise dargestellt und präsentiert werden. Die Schüler*innen können beispielsweise eine Geschichte schreiben, einen Comic zeichnen, ein Poster erstellen oder ähnliches (vgl. Dauscher 2019 und Meierhenrich 2021). Die Lehrerin/der Lehrer hat dabei die Möglichkeit, durch verschiedene Impulse z. B. eine Fantasiereise, den Schüler*innen einen Denkanstoß zu geben (vgl. Zurstrassen 2022). Bei der Utopiephase müssen ebenfalls verschiedene Regeln eingehalten werden. Es darf keine Kritik an den Vorstellungen, Utopien und Wünschen der Teilnehmenden geübt werden. In der Utopiephase ist alles möglich. Dies stellt eine Grundvoraussetzung für ein freies Gedankenspiel dar (vgl. Dauscher 2019 und Meierhenrich 2021).

c) Urteilsbildung/Entscheidungsdiskussion: Was soll geschehen?

Die Umsetzungsphase ist für das Ergebnis von großer Bedeutung. Wird diese erfolgreich gestaltet, so entsteht ein auf den vorherigen Phasen beruhendes Gesamtergebnis und damit ein Zukunftsentwurf. Die zuvor gesammelten, skizzierten Utopien werden nun zur kritischen Diskussion gestellt und auf ihre Aussichten der Realisierbarkeit geprüft. Anknüpfend daran werden Ideen und Entwürfe ausgewählt, welche die höchsten Verwirklichungschancen besitzen. Darauf aufbauend werden Durchsetzungsstrategien diskutiert und entwickelt sowie nach geeigneten Kooperationspartnern zur Umsetzung Ausschau gehalten (vgl. Zurstrassen 2022). Es wird ein konkretes Projekt geplant, welches zur Verwirklichung der Zielvorstellungen dient.

Die fünfte Phase der Zukunftswerkstatt ist die Reflexionsphase. Der Prozess der Zukunftswerkstatt wird durch die Teilnehmenden evaluiert und reflektiert. Der persönliche Lernfortschritt wird festgestellt und negative Erfahrungen während der zuvor durchlaufenen Phasen werden angesprochen (vgl. Zurstrassen 2022).

Die Werkstattphase ist die sechste und somit letzte Phase der Zukunftswerkstatt. Die Teilnehmenden wählen eine oder mehrere Maßnahmen aus, um den Wunschzustand zu erreichen.

Comicgeschichten analysieren

Comicgeschichten können eine effektive Möglichkeit sein, Schüler*innen das Lernen zu erleichtern. Denn Comics können komplexe wissenschaftliche Zusammenhänge vereinfachen und visuell darzustellen. Dies kann besonders nützlich sein, um das Verständnis der Schüler*innen für Themen zu verbessern.

Beim Comic handelt es sich um eine sequenzielle, fortlaufende Abfolge von Zeichnungen und Texten in Feldern. Er motiviert Schüler*innen Dialoge zu lesen und zu verstehen. Damit sind Comics tatsächlich ein geeignetes Mittel, um den sozialwissenschaftlichen Unterricht anschaulicher und interessanter zu machen.

Mögliche Fragen zur Analyse von Comics: Was ist zu sehen? Um welches Thema/Problem geht es? Welche handelnden Personen sind dargestellt? Was will uns die Zeichnerin/der Zeichner sagen?

Planungsskizze zum Modul „Politische Prozesse analysieren lernen: Partizipation – ohne Beteiligung geht's nicht"

Leitfrage: Wie gelingt es uns, Grundschüler*innen für politische Teilhabe zu begeistern und sie zur politischen Teilhabe zu befähigen?

Im Folgenden wird eine Möglichkeit einer unterrichtspraktischen Umsetzung aufgezeigt.

Abb. 10: Zentrale Schritte für die Gestaltung des Unterrichts zum Modul „Politische Prozesse analysieren lernen: Partizipation – ohne Beteiligung geht's nicht" (Quelle: Eigene Darstellung)

Unterrichts-schritt	Elemente des Moduls	Methoden/Material
1. Schritt	Kinder zeichnen ihren Nahraum z. B. ein Spielgelände.	**Kinderzeichnungen**
2. & 3. Schritt	***a) Situationsanalyse: Was ist?*** → Welche Themen sind dringend lösungsbedürftig? Beispiel: „Müll auf unserem Spielgelände an der Schule"	Zukunftswerkstatt: Vorbereitungsphase **Mindmapping**
	Kritikpunkte des zuvor festgestellten Sachverhalts werden möglichst präzise und umfassend festgelegt. **Ziele:** • Schaffung einer gemeinsamen Problemsicht/Arbeitsgrundlage • Systematisierung & Kategorisierung • Entpersonalisierung der Thematik	Zukunftswerkstatt: Kritikphase **Kartenabfrage**
	b) Möglichkeitserörterung: Was ist politisch möglich? → Umwandlung der Kritik in Wünsche → Freies Gedankenspiel **Ziel:** • Gestaltung eines gemeinsamen utopischen Entwurfs	Zukunftswerkstatt: Utopiephase Einstiegsimpuls: **Fantasiereise** Erarbeitung: **Geschichte schreiben**, **Plan zeichnen** oder **Poster gestalten**
	c) Urteilsbildung/Entscheidungsdiskussion: Was soll geschehen? → Kritische Diskussion der utopischen Entwürfe → Prüfung der Realisierbarkeit → Diskussion von Durchsetzungsstrategien **Ziel:** Erstellung eines konkreten Zukunftsprojekts	Zukunftswerkstatt: Umsetzungsphase **Pro-Contra-Diskussion**
	Auswertung, Evaluation & Reflexion der Zukunftswerkstatt **Ziel:** Der persönliche Lernfortschritt wird hinterfragt	Zukunftswerkstatt: Reflexionsphase

Unterrichts-schritt	Elemente des Moduls	Methoden/Material
	Die Teilnehmenden wählen verschiedene Maßnahmen aus, um den Wunschzustand zu erreichen.	Zukunftswerkstatt: Werkstattphase Abstimmungstool
4. Schritt	**Herausarbeitung von Parallelen** zwischen den Bildern der Comicgeschichte und dem Politikzyklus **Ziele:** • Vorstellungen von politischen Prozessen erweitern, indem die Lernenden anhand einer Comicgeschichte die Phasen eines Politikzyklus kennenlernen.	Zuordnungsaufgabe **Comicgeschichte „Mülleimer für den Spielplatz" [M1.2]** **Phasen des Politikzyklus [M1.1]** **Lösungsblatt [M1.3]**
5. Schritt	Folgende **Zielsetzungen** werden in den Blick genommen: • **Politische Urteilsfähigkeit** Entwicklung politischer Urteilsfähigkeit in der Kompetenzfacette Gestaltungsurteil. • **Politische Handlungsfähigkeit** Artikulieren & Argumentieren • **Politisches Fachwissen** Fachkonzept „Demokratie" • **Einstellung & Motivation** Interesse & Selbstbewusstsein Begeisterung für politische Teilhabe	

Kompetenzerwartungen

Das fachdidaktische Modul „Partizipation – ohne Beteiligung geht's nicht" kann im Politikkompetenzmodell nach Detjen et al. (2012) den folgenden Kompetenzdimensionen zugeordnet werden.

Es wird erwartet, dass die Kompetenzdimension „Urteilsfähigkeit" in der Kompetenzfacette Gestaltungsurteil gestärkt wird. Bei Gestaltungsurteilen werden sachlichen Problemen inhaltliche Lösungen zugeführt. Im Rahmen der Zukunftswerkstatt lernen die Schüler*innen Problemlösungskompetenz. Sie werden darin unterstützt, Probleme zu analysieren und Lösungen zu entwickeln.

Zu erwarten sind zudem kommunikationsfördernde Effekte. Schüler*innen werden in diesem Modul mit realen Herausforderungen konfrontiert und suchen eigenständig oder in der Gemeinschaft nach Lösungen („Politische Handlungsfähigkeit" – Kompetenzfacette: Artikulieren & Argumentieren).

Für das Fortbestehen einer Demokratie ist die Mitwirkung ihrer Mitglieder entscheidend. Damit das gelingen kann sind „Einstellung & Motivation" wichtig. Neugier und Vertrauen in das eigene Handeln werden durch die Arbeit mit der Zukunftswerkstatt unterstützt (Kompetenzfacette: Interesse & Selbstbewusstsein).

Politische Bildung setzt auch auf Wissensvermittlung. In diesem Modul wird vordergründig das Problem einer unfallverhütenden und sauberen Gestaltung eines Spielplatzes thematisiert. Tatsächlich kann anhand dieses Beispiels der Politikzyklus erlernt werden. Denn in der Beispielgeschichte „Mülleimer für den Spielplatz" wird den Fragen nachgegangen: Wie kann ich auf kommunalpolitische Entscheidungen Einfluss nehmen? Und wie laufen politische Prozesse ab? („Politisches Fachwissen" – Fachkonzept: Demokratie).

Material

M 1.1

Problemdefinition:
Ein politisches Problem wird erkannt.

Agenda – Gestaltung:
Das Problem wird auf die politische Tagesordnung gesetzt.

Politikformulierung:
Ziele, Mittel und Wege zur Lösung des Problems werden entwickelt. Es wird eine Entscheidung über geeignete Maßnahmen getroffen.

Politik- Implementation:
Die beschlossenen Maßnahmen werden in die Praxis umgesetzt.

Evaluation:
Der Erfolg der Maßnahmen wird geprüft und bewertet.

Politik-Terminierung oder Neuformulierung:
Wenn das Ausgangsproblem vollständig gelöst ist, wird die Maßnahme beendet. Andernfalls müsste das (Teil-) Problem erneut formuliert werden und der Kreislauf würde von vorn beginnen.

M 1.2

MÜLLEIMER FÜR DEN SPIELPLATZ

(Quelle: Seminar „Lernfeld Sozialwissenschaften der Universität Münster, WS 2021/22)

M 1.3

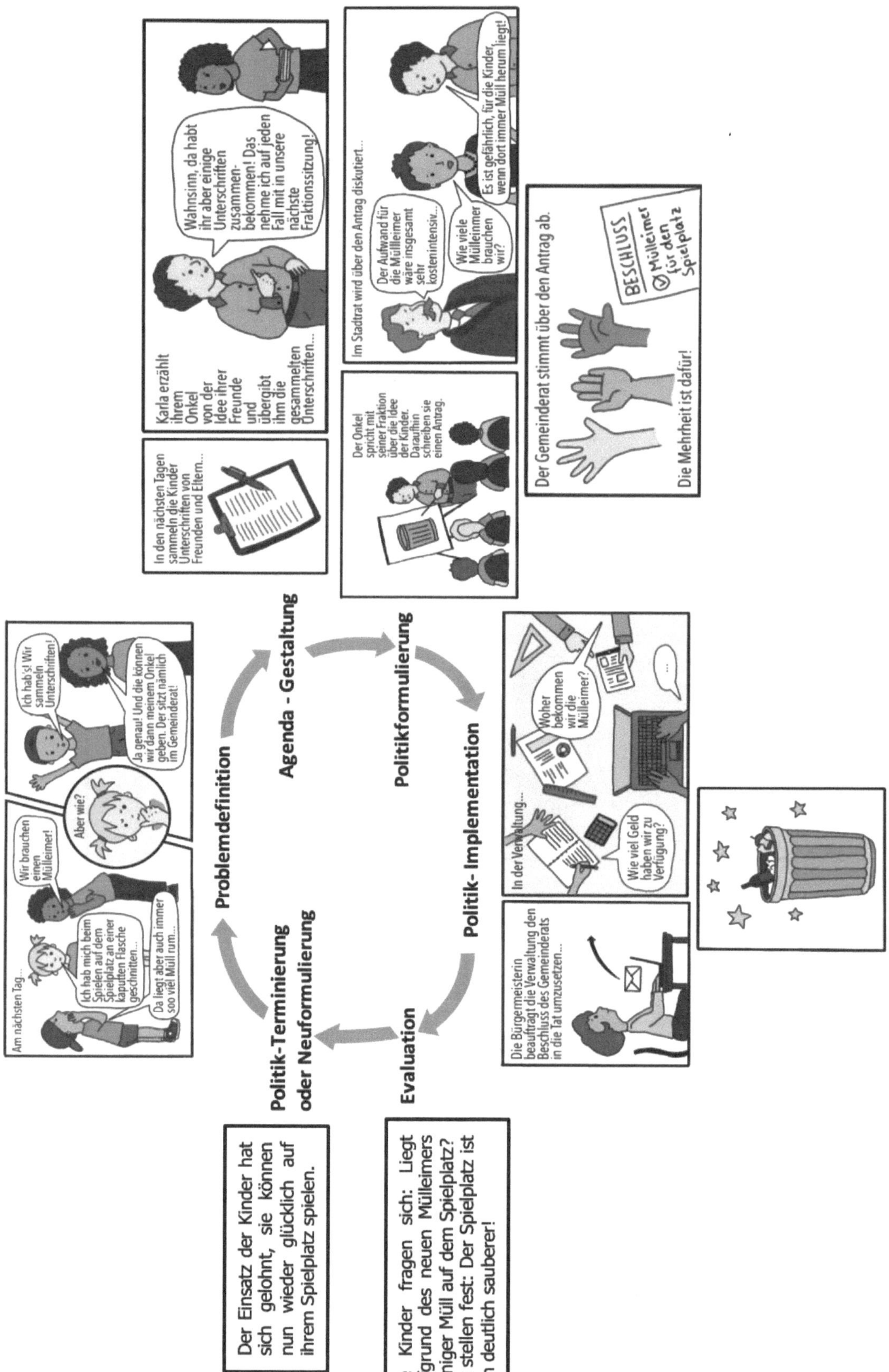

(Quelle: Seminar „Lernfeld Sozialwissenschaften der Universität Münster, WS 2021/22)

Modul ‚Elemente der Demokratie' erlernen – Grundsätze demokratischer Wahlen

Was kann anhand dieses Moduls gelehrt/gelernt/entdeckt werden?

Wahlen sind für eine Demokratie konstitutiv. In einer Demokratie entscheiden vom Volk gewählte Vertreter*innen als „Treuhänder" (vgl. Thurich 2011) für das Volk über politische Fragen. Wir gehen zur Wahl, um eine Person oder eine Partei zu wählen, die unsere Interessen vertritt.

Kinder verfügen über erstes konzeptuelles Wissen zum Thema „Wahlen". Sie sind mehrheitlich in der Lage, Wahlen als öffentlichen Wettstreit zwischen Kandidat*innen zu sehen. Unter Berücksichtigung des fachdidaktischen Prinzips „exemplarisches Lernen" sollen die Schüler*innen ihre bereits vorhanden Präkonzepte zum Thema Wahlen erweitern. Das vorliegende Modul versucht, die Grundsätze demokratischer Wahlen als Fachkonzepte in den Köpfen der Schüler*innen zu verankern. Dies geschieht anhand eines Stationenlernens und der Methode der Pro-Contra-Debatte.

Vorstellungen von Grundschüler*innen zu demokratischen Wahlen

Ein Vergleich des Antwortverhaltens von Erstklässler*innen und Viertklässler*innen auf die Frage, wie man „Bestimmer" wird, zeigt, dass das Wissen über den Machtgewinn im Verlauf der Grundschulzeit zunimmt. In der Studie von Abendschön et al. (2007) nennen Kinder in der Schuleingangsphase häufig „viel Geld" als Ursache (37 % der Befragten) und „viel Kraft" (17 % der Befragten). 23 % der Befragten Schulanfänger nennen „eine Wahl" als Begründung. Dagegen antworten bereits 61 % von befragten Viertklässlern auf die Frage nach den Modalitäten um „Bestimmer" zu werden mit „eine Wahl gewinnen" (vgl. Tausendpfund 2008 sowie Götzmann 2015, S. 46 f.). Darüber hinaus haben die Lernenden zum Großteil bereits erste Vorstellungen über den Wahlvorgang.

Auszug aus einer Befragung von Schüler*innen einer 4. Klasse zum Thema Wahlen (2022)
(Transkriptionsregeln nach Kuckartz 2018)

Schülerin M: Dann darf jeder ab 18 wählen.

*Lehrer*in:* *Muss man denn wählen? Oder – du sagst, man darf wählen, wird man gezwungen zu wählen oder darf man?*

Schülerin M: Ich glaub, man muss.

Klasse: Nein.

*Lehrer*in:* *Man darf wählen, genau. Wolltest du noch mehr sagen? Ich hab dich unterbrochen.*

Schülerin M: Und dann, werden halt die Stimmen ausgezählt, und die Partei, die am meisten Stimmen hat, die werden dann Bürgermeister – ja.

*Lehrer*in:* *Okay, gut. Wie kommen die an so 'ne Stimme? Gehen die Leute da hin und stehen dann da die Kandidaten und man sagt „Ich glaube, ich bin für den da" – oder wie läuft das ab?*

Schülerin J: Ich glaub, ich war mit meinen Eltern da, wo man das wählen kann. Da gibt es so Papiere und dann, weil das geheim ist, wenn man wählt, stellt man sich in so 'ne Kabine rein und füllt den ganzen Kram aus und dann wird das, glaube ich, irgendwo hingeschickt und dann zählen die, wie viele Stimmen es sind. Also wie viele Zettel in welcher Partei.

Fachliche Klärung des Lerninhalts – die fünf Grundsätze demokratischer Wahlen

Demokratische Wahlen genießen in der Bundesrepublik Deutschland Verfassungsrang: „In den Ländern, Kreisen und Gemeinden muss das Volk eine Vertretung haben, die aus allgemeinen, unmittelbaren, freien, gleichen und geheimen Wahlen hervorgegangen ist." (GG, Art 28). Alle demokratischen Wahlen in Deutschland, sei es auf Bundes-, Landes- oder auf Kommunalebene, beruhen auf diesen Wahlgrundsätzen. Die Grundsätze demokratischer Wahlen werden auch in Art. 38 GG normiert: „Die Abgeordneten des Deutschen Bundestages werden in allgemeiner, unmittelbarer, freier, gleicher und geheimer Wahl gewählt."

Im Folgenden werden die fünf Wahlgrundsätze am Beispiel der Bundestagswahl zusammengefasst dargestellt.

Die Wahl ist eine *allgemeine* Wahl, da alle Staatsbürger*innen ein Stimmrecht innehaben, egal welchem Geschlecht, welcher Konfession, welcher Kultur sie angehören oder welchen Beruf, welches Einkommen und welche politische Einstellung sie haben. Um bei einer Bundestagswahl stimmberechtigt zu sein, muss das 18. Lebensjahr vollendet sein.

Eine Wahl wird als *unmittelbar* bezeichnet, wenn die Wähler*innen mit ihrer Stimme die Kandidat*innen direkt bzw. unmittelbar wählen. In den USA beispielsweise gibt es „Wahlfrauen" und „Wahlmänner", auf die man seine Stimmen überträgt.

Eine Wahl kann als eine *freie* Wahl bezeichnet werden, wenn die Bürger*innen ihre Wahlentscheidung, ohne unter Druck gesetzt zu werden, treffen können. In Deutschland wird für alle Wähler*innen gewährleistet, dass diese ohne jegliche Zwänge eine eigene Wahlentscheidung treffen können.

Jede Wahlstimme ist genauso viel Wert wie jede andere und es werden keine Gewichtungen zugelassen. Deshalb werden die Wahlen in Deutschland als *gleich* bezeichnet.

Der letzte der fünf Wahlgrundsätze ist der einer *geheimen* Wahl. Alle Wähler*innen haben das Recht ihre Stimme ohne die Kenntnis Dritter abzugeben. Niemand muss sich zu seiner Wahl äußern. Die Stimmen werden in einer Wahlkabine abgegeben, und die Stimmzettel anschließend gefaltet und in die Wahlurne geworfen. Somit bleibt die Wahlentscheidung aller Wähler*innen geheim.

Grundsätzlich dienen Wahlen der Legitimation von Vertreter*innen, die eine Gruppe repräsentieren. Für Gerhard Himmelmann stellt die Repräsentation und damit die Möglichkeit, sich an der Wahl der politischen Führung zu beteiligen, eine notwendige Bedingung für eine gelingende Demokratie dar.

Wahlen laufen in folgenden Schritten ab.

Abb. 11: Wahlablauf (Quelle: eigene Darstellung)

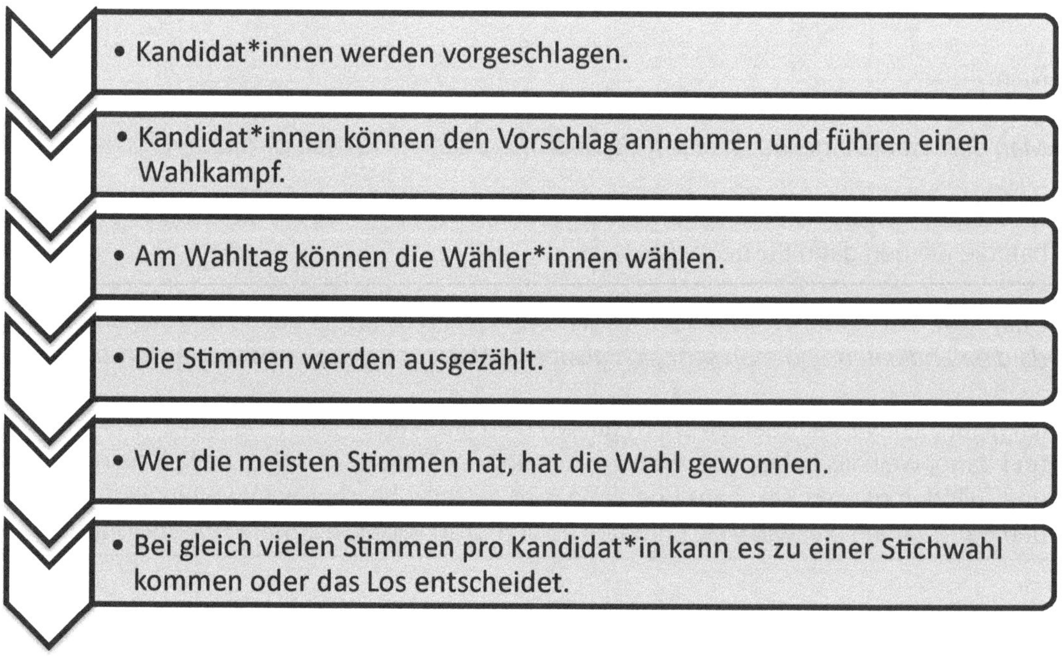

Fachdidaktische Rahmung

Fachdidaktisches Prinzip: Exemplarisches Lernen

Trägt das didaktische Prinzip der Exemplarität den Unterricht, dann müssen die Lerninhalte so ausgewählt werden, „dass an ihnen Konzepte, Kategorien, Prinzipien, Strukturen oder Regeln erkannt werden können." (Gloe & Oeftering, siehe https://l.fobizz.com/Exemplaritaet). Die Wahlgrundsätze, die in diesem Modul gelehrt und gelernt werden können, gelten für alle demokratischen Wahlen. Dabei erfolgt das Lernen in folgenden Schritten: a) Auswahl und Beschreibung des Exemplums; b) Aufzeigen allgemeiner, abstrakter Wahrheit; c) Bewältigung neu auftretender Fälle.

Methoden: Stationenlernen und Pro- und Contra-Debatte

Stationenlernen

Das Lernen an Stationen als offene Unterrichtsform hat in der Grundschule eine lange Tradition. Die Grundidee ist, dass ein übergeordnetes Thema in kleinere Teilgebiete oder Teilthemen unterteilt wird, die von den Schüler*innen an sogenannten Stationen selbstständig bearbeitet werden können. Charakteristisch ist, dass Schüler*innen so viel wie möglich eigenständig arbeiten und die Intervention der Lehrperson in den Hintergrund tritt.

Die Lernstationen liegen an zuvor festgelegten Stellen im Klassenraum. Es werden zwischen Wahl- und Pflichtstationen unterschieden. Pflichtstationen sind sinnvoll, da sich die Schüler*innen ein gemeinsames Fundament aneignen, welches für die Gestaltung einer abschließenden Pro- und Contra-Diskussion grundlegend ist.

Nach Lange/Möller (2022) lässt sich das Stationenlernen in drei unterschiedliche Phasen gliedern: die Hinführungs- und Orientierungsphase, die Arbeitsphase und die Reflexionsphase. In der ersten Phase, der Hinführungs- und Orientierungsphase werden die verschiedenen Lernstationen kurz vorgestellt und erste Einblicke in den Lernprozess werden ermöglicht. Die erste Phase findet im Plenum statt und die Lernenden werden in das Thema „Demokratie und die Wahlrechtsgrundsätze", eingeführt, indem sie erste Assoziationen zum Thema „Wahlen" äußern.

Darauf aufbauend folgt die Arbeitsphase. In der Arbeitsphase werden die verschiedenen Themen an den unterschiedlichen Stationen selbstständig durch die Schüler*innen erarbeitet. Diesen wird an den einzelnen Stationen Material für die verschiedenen Aufgabenstellungen zur Verfügung gestellt. Die Schüler*innen können sich dabei gern an ihre Mitschüler*innen wenden, um das bisher Gelernte untereinander auszutauschen und Rückmeldungen zu erhalten. Als Hilfestellung (Selbst-, Partnerkontrolle) steht zudem eine Musterlösung zur Verfügung.

Die Lehrerin/der Lehrer steht für Rückfragen der Schüler*innen bereit und gibt nach Bedarf Rückmeldungen zu den einzelnen Lernfortschritten.

Die abschließende Phase ist die Reflexionsphase. Diese findet mit der gesamten Klasse im Plenum statt. Dieser Phase sollte ausreichend Zeit eingeräumt werden, um einen Austausch zu den gemachten Erfahrungen, Ergebnissen und neuen Inhalten gewährleisten zu können.

Insgesamt lässt sich festhalten, dass das Stationenlernen die Eigenverantwortung im Lernprozess der Lernenden, die Autonomie, sowie die Methoden- und Handlungskompetenz stärkt. Zudem wird durch das gemeinsame Arbeiten die soziale Kompetenz gefördert. Diese Aspekte führen zu einer erhöhten und länger andauernden Motivation bei den Schüler*innen und erleichtern diesen Fragen zu stellen und in Diskurse zu treten.

Pro-Contra-Debatte

„Die Pro-Contra-Debatte ist eine hoch formalisierte, an strengen Regeln orientierte Methode für den Politikunterricht, die vor allem einen Beitrag zur rationalen politischen Urteilsbildung leisten soll." (Mickel, siehe https://l.fobizz.com/Mickel). Anhand der Methode der Pro-Contra-Debatte soll es den Schüler*innen gelingen eine Streitkultur aufzubauen und diese zu etablieren. Sie lernen kontrovers zu denken und verbessern die eigenen Argumentations- und Diskussionsfähigkeiten. Die Schüler*innen erarbeiten unterschiedliche Positionen und Sichtweisen in Bezug auf eine Streitfrage. Anhand der vorgestellten Methode lernen die Schüler*innen eine „gewaltfreie Form der Auseinandersetzung" kennen, lernen sich in die Sichtweisen anderer hineinzuversetzen sowie diese zu akzeptieren und Kompromisse einzugehen.

Die Pro-Contra-Debatte bedarf einer gründlichen und umfassenden Vorbereitung sowie einer vorherigen Auseinandersetzung mit der zu debattierenden Thematik. Die Schüler*innen erarbeiten unterschiedliche Positionen und Gegenpositionen. Moderiert wird die Debatte durch eine*n Schüler*in oder die Lehrkraft. Dabei ist der/die Moderator*in besonders angehalten auf die Einhaltung der zuvor getroffenen Gesprächsregeln zu achten. Am Ende der Debatte werden die am stärksten gewichteten Argumente wiederholt und ein Ergebnis vorgestellt (vgl. Carl von Ossietzky Universität Oldenburg, siehe https://l.fobizz.com/ProContra).

Planungsskizze zum Modul „‚Elemente der Demokratie' erlernen – Grundsätze demokratischer Wahlen"

Leitfragen: In der sozialwissenschaftlichen Fachdidaktik herrscht Einigkeit darüber, dass das Wissen domänenspezifischer Konzepte gewinnbringend ist. Zu den Basiskonzepten politischer Bildung gehört das Thema „Wahlen". Vor dem Hintergrund, dass „eine lebendige Demokratie vom Gespräch lebt" (vgl. Mickel 1969), stellt sich zudem die Frage, wie gelingt es uns Kinder im Grundschulalter für Debatten zu begeistern.

Abb. 12: Zentrale Schritte für die Gestaltung des Unterrichts zum Modul: „‚Elemente der Demokratie' erlernen – Grundsätze demokratischer Wahlen" (Quelle: eigene Darstellung)

Unterrichts-schritt	Elemente des Moduls	Methoden/Material
1. Schritt	**Auswahl des Exemplums:** *Aktualitätsbezug herstellen (Bundestagswahl, Landtagswahl, Kommunalwahl, Europawahl evtl. Klassensprecher*innenwahl)* Einstiegsimpuls für **Gestaltung einer „Concept Map" zum Thema:** „Eine demokratische Wahl – was ist das eigentlich?" **Ziele:** • Bezug zur Lebenswelt der Schüler*innen aufzeigen • Vorstellungen der Schüler*innen erheben und sie als Startpunkte für das Lehren und Lernen nutzen	**Gestaltung einer „Concept Map"** „Symbolische Mitte" [M2.1] **Übersicht zur Durchführung einer Concept Map** [M2.2] Begriffskarten [M2.3]
2. u. 3. Schritt	*Informationen sichten und auswerten:* → Welche Grundsätze für demokratische Wahlen gibt es? → Was bedeuten die einzelnen Grundsätze? → Wie läuft eine Wahl ab? **Ziel:** • Aneignung von Fachwissen, um dieses in der Pro-Contra-Debatte anwenden zu können	**Lernen an Stationen** Wahl-/Pflicht- und Zusatzstationen [M2.4]
4. Schritt	**Der Debattenverlauf** A. **Einführung** • Formulierung einer Leitfrage: **„Sind alle fünf Wahlgrundsätze wichtig?"** • Erstellung eines Meinungsbildes • Gruppenbildung Durch die Auswertung der Frage des Stationenlernens „Gibt es nach deiner Meinung einen Grundsatz, auf den bei demokratischen Wahlen verzichtet werden kann?" ergibt sich möglicherweise eine Positionierung der Schüler*innen und damit die Einteilung der Pro-Teams und Contra-Teams. B. **Arbeiten in Gruppen** Erarbeitung von Argumenten (Welche Wahlgrundsätze gibt es? Kannst du sie erklären? Welche Bedeutung haben die Wahlgrundsätze für eine Demokratie? Sind alle Wahlgrundsätze gleich wichtig?) C. **Vorbereitung der Umgebung** • Erstellung einer geeigneten Sitzordnung für die Debatte (z.B. ein Halbkreis) • Bestimmung einer Moderatorin/eines Moderators D. **Eröffnung der Debatte** • Eröffnung durch den Moderator • Eingangsplädoyers unterschiedlicher Seiten E. **Debatte** • Diskussion und Austausch von Argumenten	**Pro-Contra-Debatte** [M 2.5]

Unterrichts-schritt	Elemente des Moduls	Methoden/Material
	F. **Auswertung** • Erneute Abstimmung über die Einstiegsfrage • Reflexion der Debatte (Welches Argument war besonders überzeugend? Wie wurden die Gegenargumente entkräftet? Hat sich deine Meinung geändert?) **Ziele:** • Grundsätze demokratischer Wahlen benennen und erklären können • Vereinbarte Gesprächsregeln akzeptieren und einhalten • Kennenlernen von Argumentationsstrukturen • Vertretung eigener Positionen unter Anerkennung kontroverser Sichtweisen **Bewältigung neu auftretender Fälle** Hinweis auf die übertragbare Allgemeingültigkeit der Wahlgrundsätze und des Wahlablaufs und damit auf die Übertragbarkeit auf neu auftretende Wahlen. **Ziel:** • „Im Einzelnen das Ganze" (Wagenschein 1997) sehen	**Plenum** Klassenposter [M 2.6]
5. Schritt	Folgende Zielsetzungen werden in den Blick genommen werden: **Politische Urteilsfähigkeit** Aktive Aneignung von Erweiterungsurteilen **Politische Handlungsfähigkeit** Artikulieren & Argumentieren Die Schüler*innen vertreten eigene oder zugeordnete Positionen. Die Schüler*innen nehmen durch die Debatte kontroverse Sichtweisen wahr. **Politisches Fachwissen** Fachkonzept „Wahlen" **Einstellung & Motivation** Interesse für politische Teilhabe	

Kompetenzerwartungen

Das fachdidaktische Modul „‚Elemente der Demokratie' erlernen – Grundsätze demokratischer Wahlen" lässt sich nach Detjen et al. (2012) unterschiedlichen Kompetenzdimensionen zuordnen.

Es wird erwartet, dass die Kompetenzdimension *„Urteilsfähigkeit"* in der *Kompetenzfacette Erweiterungsurteil* gestärkt wird. Urteilskompetenz bedeutet, Sachverhalte in Politik und Gesellschaft zu analysieren, um zu einem eigenständigen Urteil zu gelangen. Dabei beinhaltet die Kompetenzfacette „Erweiterungsurteil" auch die Fähigkeit zur Qualitätsprüfung. Kennen Schüler*innen die Wahlgrundsätze (allgemein, unmittelbar, frei, gleich und geheim), so sind sie in der Lage eigenständig zu prüfen, ob es sich bei einer Wahl um eine demokratische Wahl handelt oder eben auch nicht.

Hinsichtlich der Förderung der Kompetenzdimension *„Politische Handlungsfähigkeit" (Kompetenzfacette: Artikulieren & Argumentieren)* wird die Förderung kommunikativer Handlungsfähigkeiten als Ziel in den Blick genommen, insofern als Lernarrangements wie die Pro- und Contra-Debatte Trainingsfelder für das Erlernen von Diskussions- und Argumentationsfähigkeit bieten und damit dem Aufbau politischer Handlungsfähigkeit dienen.

Hinsichtlich des Kompetenzdimension *„Politisches Fachwissen"* steht das *Fachkonzept „Wahlen"* im Mittelpunkt des Interesses. Für die sozialwissenschaftliche Perspektive des Sachunterrichts wurden im Perspektivrahmen Sachunterricht verschiedene perspektivbezogene Themenbereiche entwickelt. Das vorliegende Modul lässt sich in diesem Zusammenhang dem Themenbereich „Politische Entscheidungen" zuordnen. In diesem Themenbereich sollen die Schüler*innen „in Fallbeispielen beurteilen, ob eine Wahl den demokratischen Prinzipien (frei, allgemein, gleich, geheim) folgt" (Gesellschaft für Didaktik des Sachunterrichts 2013, S. 35). Des Weiteren sollen die Schüler*innen die Bedeutung der Fachtermini „Wahlkampf" und „Wähler*innen" kennen und verwenden können.

Als weitere Kompetenzen werden *„Einstellung & Motivation" (Kompetenzfacette: Interesse)* gefördert. Es wird erwartet, dass die Schüler*innen im Laufe des Unterrichts die Fähigkeit erlernen, demokratische Wahlen zu erklären und für Entscheidungsprozesse nutzen können (vgl. auch Ministerium für Schule und Bildung des Landes NRW 2021, S. 185). Positive Könnenserfahrungen verstärken das Interesse und die Motivation zur Auseinandersetzung mit öffentlichen Prozessen der Entscheidungsfindung.

Material

M 2.1 „Symbolische Mitte" für die Concept Map zum Thema „Wahlen"

Bildquelle: Universität Rostock, https://www.uni-rostock.de/weiterbildung/offene-uni-rostock/micro-lectures/politik-unterrichten/ (Zugriff: 23.11.2020)

M 2.2 Übersicht zur Durchführung einer Concept Map

1. Schüler*innen erhalten Begriffskarten

2. Schüler*innen ergänzen Begriffe oder/und sortieren Begriffe aus.

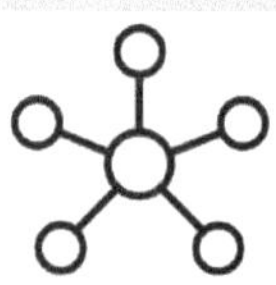

3. Schüler*innen ordnen Begriffskarten.

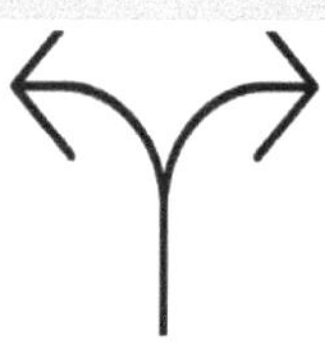

4. Schüler*innen verbinden Begriffskarten durch beschriebene Pfeile Verbindungslinien.

M 2.3 Begriffskarten

Wahl	allgemein	unmittelbar	frei
gleich	geheim	Wahlurne	Wahlkabine
Stimmzettel	Kandidat*in	Wahlleiter	Wahltag
	Wahlergebnis	Stichwahl	

M 2.4 Stationenlernen

Gib 5 – die Wahlgrundsätze

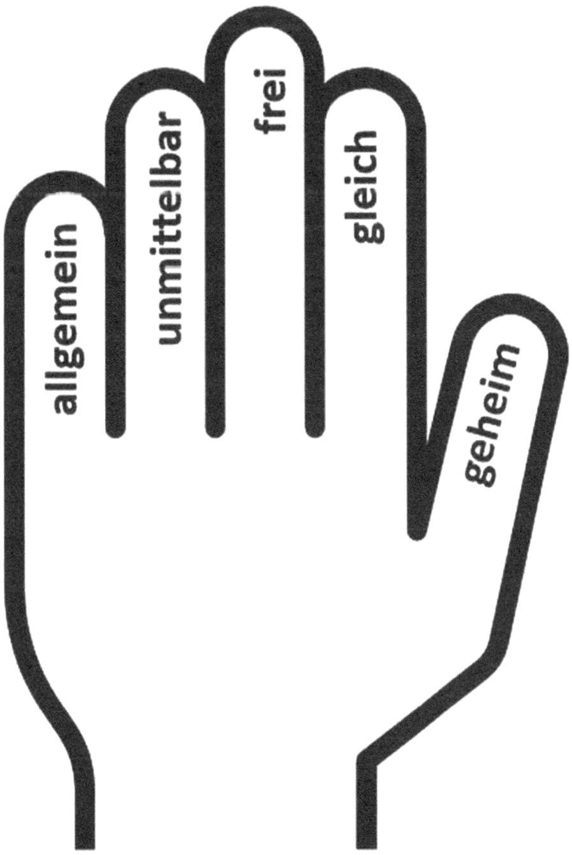

Lernen an Stationen zum Thema – Grundsätze einer demokratischen Wahl

Dein Name: ______________________________

- Pflichtstation -

1. **Was ist das Geheimnis an ‚geheimen' Wahlen?** Lies zuerst den Text zu Station 1.

____
____
____
____
____
____
____

Bearbeitet am: ______________

Dein Name: ______________________________

- Pflichtstation -

2. **Welche Freiheit hat ein Mensch, der ‚frei' wählen darf?** Lies zuerst den Text zu Station 2.

____
____
____
____
____
____

Bearbeitet am: ______________

Dein Name: ______________________________

- Pflichtstation -

3. **Was bedeutet es, wenn eine Wahl ‚allgemein' ist?** Lies zuerst den Text zu Station 3.

____
____
____
____
____
____

Bearbeitet am: ____________

Dein Name: ______________________________

- Pflichtstation -

4. **Wann sind Wahlen ‚gleich'?** Lies zuerst den Text zu Station 4.

____
____
____
____
____
____

Bearbeitet am: ____________

„Roadmap“ zum Lernen politischer Kompetenzen im Fach Sachunterricht

Elementare Wissensvermittlung un

1.	2.	3.	4.
Über welches politische Wissen und welche Konzepte verfügen Kinder im Grundschulalter?	**Erfahrungen der Lernenden weiterführen!**	**Welches Thema passt? Welches didaktische Prinzip trägt den Unterricht?**	**Welche Methoden sind geeignet?**
Es fällt Kindern im 1. Schuljahr schwer, Lösungsansätze für politische Themen zu finden *(van Deth 2007)*	Hier kann der politische Sachunterricht ansetzen und über Prozesse und Systeme aufklären.	**Politische Prozesse analysieren lernen** *Problemorientierung im sozialwissenschaftlichen Sachunterricht*	Pro-Contra-Debatte Brain-storming Concept-Maps Expert*innen-interviews Biografisches Lernen „Mit Bildern lernen“ Entschei-dungsspiel Fallstudie Talkshow Zukunfts-werkstatt Lernen mit Texten
Grundschüler*innen entwickeln bereits im 1. Schuljahr Reflexions- und Argumentations-kompetenzen *(van Deth 2007)*	Durch die Verwendung und Vernetzung von Fachtermini können die kindlichen Vorstellungen präzisiert und reflektiert werden.	**„Elemente der Demokratie“ erlernen** *ein Beispiel für exemplarisches Lernen*	
Grundschüler*innen besitzen Präkonzepte zu Öffentlichkeit und Privatheit, diese sind jedoch noch nicht trennscharf *(Götzmann 2008)* Kinder entwickeln Konzepte zu staatlichen Symbolen anhand von Personalisierungen *(Götzmann 2015)*	Vorstellungen von Kindern zu „Öffentlichkeit“, „Privatheit“ und „Repräsentation“ als Ausgangspunkt für die Reflexion politischer Fachkonzepte.	**Politisches Wissen ausbauen** *Handlungsorientierung als didaktisches Prinzip*	
Präkonzepte von Grundschüler*innen		Thema/ *didaktisches Prinzip*	*Methode*

Forderung an politische Bildung (Beutelsbacher Konsens)

…ritisch emanzipatorisches Unterrichtsprogramm

5.

Konkrete Beispiele für den Unterricht in der Primarstufe

6.

Folgende Dimensionen der Politikkompetenz werden gefördert

Partizipation – ohne Beteiligung geht's nicht

Zukunftswerkstatt – „Alles könnte anders sein" (Petrik 2023)

→

I. Gestaltungsurteile
II. Artikulieren & Argumentieren
III. Fachkonzept „Demokratie"
IV. Interesse & Selbstbewusstsein

Grundsätze demokratischer Wahlen

Pro-Contra-Debatte als Lerngelegenheit

→

I. Erweiterungsurteile
II. Artikulieren & Argumentieren
III. Fachkonzept „Wahlen"
IV. Interesse

Die Kette der Bürgermeisterin/des Bürgermeisters

*Expert*inneninterview – „Ich erschließe mir meine Umwelt" (Szukala 2023)*

→

I. Feststellungsurteile
II. Artikulieren
III. Fachkonzepte „Repräsentation" & „Öffentlichkeit"
IV. Interesse & Selbstbewusstsein

}

I. Politische Urteilsfähigkeit
II. Politische Handlungsfähigkeit
III. Politisches Fachwissen
IV. Einstellung & Motivation

Modul/
Methode

Dimensionen der Politikkompetenz
(Detjen et al.)

…berwältigungsverbot – Kontroversitätsgebot – Schüler*innenorientierung

Dein Name: ________________________________

- Pflichtstation -

5. Welche Gründe gibt es dafür, dass eine Wahl ‚unmittelbar' sein soll? Lies zuerst den Text zu Station 5.

____

____

____

____

____

____

Bearbeitet am: ____________

Dein Name: ________________________________

- Pflichtstation -

6. Gibt es nach deiner Meinung einen Grundsatz, auf den bei demokratischen Wahlen verzichtet werden kann?

□ **Ja** **Wenn Du ‚ja' angekreuzt hast, auf welchen Grundsatz könnte man verzichten?**

____

□ **Nein**

Station 1

Warum sind Wahlen geheim?

Wahlen sind wichtig, weil wir dadurch unsere Regierung und unsere Vertreter bestimmen können. Aber warum ist es so wichtig, dass niemand wissen darf, wen du gewählt hast? Lasst uns das gemeinsam herausfinden.

Privatsphäre: Eine der Hauptgründe, warum Wahlen geheim sind, ist der Schutz deiner Privatsphäre. Das bedeutet, dass niemand herausfinden kann, wen du gewählt hast. Das ist wichtig, damit du dich frei fühlen kannst, deine Meinung zu sagen, ohne Angst davor zu haben, dass dich jemand dafür beurteilt oder beeinflusst.

Freiheit der Wahl: Wenn Wahlen nicht geheim wären, könntest du dich unter Druck gesetzt fühlen, für jemanden zu stimmen, den du nicht wirklich magst. Die geheime Wahl ermöglicht es dir, deine eigene Entscheidung zu treffen, ohne dass dich jemand beeinflusst.

Gerechtigkeit: Stellt euch vor, wenn jemand herausfinden könnte, wie ihr gewählt habt. Das könnte dazu führen, dass einige Leute unfair behandelt werden, nur weil sie anders gewählt haben. Geheime Wahlen stellen sicher, dass jeder die gleiche Chance hat, seine Meinung auszudrücken.

Insgesamt sorgt die Geheimhaltung der Wahlen dafür, dass sich niemand zu seiner Wahl äußern muss und es deshalb geheim bleibt, welche Kandidatin oder welchen Kandidaten du gewählt hast. Dadurch können Wahlen fair und gerecht ablaufen.

Dieser Text wurde am 25.09.2023 von der KI „ChatGPT" geschrieben und anschließend manuell überarbeitet.

Station 2

Warum sind Wahlen frei?

Habt ihr euch schon einmal gefragt, warum Wahlen frei sein müssen? Das bedeutet, dass jeder seine Meinung frei äußern und seine Stimme abgeben kann, ohne Angst oder Einschränkungen. Lasst uns herausfinden, warum freie Wahlen so wichtig sind.

1. **Freiheit der Meinungsäußerung:** In einer freien Gesellschaft haben wir das Recht, unsere Meinung zu sagen. Das schließt auch ein, bei Wahlen für die Person zu stimmen, von der wir überzeugt sind. Dabei dürfen wir nicht unter Druck gesetzt werden. Wenn Wahlen nicht frei wären, könnten einige Menschen gezwungen werden, gegen ihre Überzeugungen zu handeln. Auch das Nichtwählen gehört zum Wahlrecht.

2. **Vielfalt der Ideen:** Menschen haben unterschiedliche Ideen darüber, wie die Dinge in ihrem Land gemacht werden sollten. Freie Wahlen erlauben es uns, all diese verschiedenen Ideen zu hören und die besten auszuwählen. So können wir sicherstellen, dass viele verschiedene Menschen in unserer Gesellschaft gehört werden.

Zusammengefasst: Freie Wahlen sind wichtig, weil sie sicherstellen, dass jede Wählerin und jeder Wähler frei entscheiden kann, welche Kandidatin oder welchen Kandidaten sie oder er wählt.

Dieser Text wurde am 25.09.2023 von der KI „ChatGPT" geschrieben und anschließend manuell überarbeitet.

Station 3

Warum sind Wahlen allgemein?

Was bedeutet es eigentlich, wenn Wahlen als „allgemein" bezeichnet werden? „Allgemein" bedeutet, dass grundsätzlich alle Menschen in einem Land das Recht haben, an Wahlen teilzunehmen. Aber warum ist das so wichtig? Lasst uns das gemeinsam herausfinden.

Jeder hat eine Stimme: Allgemeine Wahlen bedeuten, dass jeder Bürger und jede Bürgerin in einem Land die Möglichkeit hat, seine oder ihre Stimme abzugeben. Dabei darf niemand aufgrund des Geschlechts, der Religion, des Alters, des Berufs oder der Herkunft ausgeschlossen werden.

Allgemeine Wahlen sind ein wichtiger Teil der Demokratie. In einer Demokratie haben alle Bürgerinnen und Bürger das Recht, mitzubestimmen, wer ihr Land regiert.

Dieser Text wurde am 25.09.2023 von der KI „ChatGPT" geschrieben und anschließend manuell überarbeitet.

Station 4

Warum sind Wahlen gleich?

Habt ihr euch schon einmal gefragt, warum Wahlen gleich sein müssen? Das bedeutet, dass jede Stimme gleich viel zählt, unabhängig von Alter, Geschlecht, Herkunft oder sonstigen Unterschieden. Lasst uns gemeinsam herausfinden, warum gleiche Wahlen so wichtig sind.

1. **Gerechtigkeit:** Gleichheit bei Wahlen bedeutet, deine Stimme ist genauso wichtig wie die von jedem anderen. Das ist gerecht, denn es spielt keine Rolle, wer du bist oder woher du kommst. Dadurch wird niemand benachteiligt

2. **Vielfalt der Ideen:** Menschen haben unterschiedliche Ideen darüber, wie Dinge getan werden sollten. Gleichheit bei Wahlen ermöglicht es uns, dass die Bedürfnisse aller berücksichtigt werden.

Zusammengefasst: Gleichheit bei Wahlen ist wichtig, damit kein Mensch benachteiligt wird und jede Stimme gleich berücksichtigt wird.

Dieser Text wurde am 25.09.2023 von der KI „ChatGPT" geschrieben und anschließend manuell überarbeitet.

Station 5

Warum sind Wahlen unmittelbar?

Was ist eigentlich damit gemeint, wenn Wahlen unmittelbar sind. Das bedeutet, dass ihr selbst eure Stimme abgeben könnt, um zu entscheiden, wer eure Interessen vertreten soll, ohne dass jemand anderes für euch entscheidet. Lasst uns herausfinden, warum das so wichtig ist.

1. **Eure Stimme zählt direkt:** Bei unmittelbaren Wahlen könnt ihr selbst wählen, wen ihr in eurer Regierung haben möchtet. Eure Stimme ist wichtig, und sie wird direkt gezählt, ohne Umwege. Somit gibt es auch keine sogenannten „Wahlmänner" oder „Wahlfrauen". Das bedeutet, dass ihr einen direkten Einfluss auf die Entscheidungen in eurem Land habt.

2. **Nähe zu den politischen Vertreter*innen:** Unmittelbare Wahlen erlauben es euch, Politiker und Politikerinnen aus eurer eigenen Gemeinschaft oder eurem Land direkt auszuwählen. Das ist wichtig, weil diese Menschen eure Interessen besser verstehen können. Sie sind näher dran an euren Alltagsproblemen.

Zusammengefasst: Unmittelbare Wahlen bedeuten, dass ihr selbst entscheidet, wen ihr in eurer Regierung haben möchtet und Politikerinnen und Politiker direkt gewählt werden.

Dieser Text wurde am 25.09.2023 von der KI „ChatGPT" geschrieben und anschließend manuell überarbeitet.

Lernen an Stationen zum Thema

„Wahlkabine" - Lernen in der Gruppe -

Namen der Gruppenmitglieder: ______________________________

Bearbeitet am: __________

Diskutiert in der Gruppe, „wie sieht eine Wahlkabine aus"? Versucht eine Wahlkabine zu zeichnen.

Lernen an Stationen zum Thema

„Wahlurne" - Lernen in der Gruppe -

Namen der Gruppenmitglieder: ______________________________

Bearbeitet am: __________

Baut eine Wahlurne. Zeichnet in der Gruppe dafür zuerst einen Entwurf.

Lernen an Stationen zum Thema „Wahlablauf“

- Station 7 -

Schneide die Karten aus, bringe sie in die richtige Reihenfolge und klebe sie auf das Lösungsblatt.

- Kandidat*innen können den Vorschlag annehmen und führen einen Wahlkampf.
- Bei gleich vielen Stimmen pro Kandidat*in kann es zu einer Stichwahl kommen oder das Los entscheidet.
- Am Wahltag können die Wähler*innen wählen.
- Wer die meisten Stimmen hat, hat die Wahl gewonnen.
- Die Stimmen werden ausgezählt.
- Kandidat*innen werden vorgeschlagen.

Der Wahlablauf

Dein Name: ______________________________

Bearbeitet am: ______________

Lernen an Stationen zum Thema „Wahlgrundsätze" - Wahlstation -

Dein Name: ______________________________

Wann ist eine Wahl unfair und ungerecht?

____
____
____
____
____
____
____

Bearbeitet am: ____________

Lernen an Stationen zum Thema

„Grundsätze einer demokratischen Wahl“

- Kontrollblatt -

1. **Was ist das Geheimnis an ‚geheimen' Wahlen?**

   Geheim ist eine Wahl, wenn sich niemand zu seiner Wahl äußern muss – es ist geheim, wem die Wählerin oder der Wähler ihre oder seine Stimme gegeben hat. Deswegen wird eine Wahl mit Wahlkabinen und Wahlurnen durchgeführt.

2. **Welche Freiheit hat ein Mensch, der ‚frei' Wählen darf?**

   Frei bedeutet, dass die Wählerinnen und Wähler frei entscheiden können, wen sie wählen. Niemand darf sie unter Druck setzen.

3. **Was bedeutet es, wenn eine Wahl ‚allgemein' ist?**

   Allgemein bedeutet, dass grundsätzlich jede und jeder wählen darf. Geschlecht, Religion, Kultur, Beruf, Herkunft und Alter schließen niemanden aus.

4. **Wann sind Wahlen ‚gleich'?**

   Gleich bedeutet, dass jede Stimme gleich viel Gewicht hat.

5. **Welche Gründe gibt es dafür, dass eine Wahl ‚unmittelbar' sein soll?**

   Unmittelbar heißt, dass Kandidatinnen und Kandidaten direkt gewählt werden. Es gibt keine „Wahlmänner“ oder „Wahlfrauen“, auf die die eigene Stimme übertragen wird.

M 2.5 Rollen und Sitzordnung

Lernen an Stationen zum Thema

„Grundsätze einer demokratischen Wahl“

- Kontrollblatt -

1. **Was ist das Geheimnis an ‚geheimen' Wahlen?**

   Geheim ist eine Wahl, wenn sich niemand zu seiner Wahl äußern muss – es ist geheim, wem die Wählerin oder der Wähler ihre oder seine Stimme gegeben hat. Deswegen wird eine Wahl mit Wahlkabinen und Wahlurnen durchgeführt.

2. **Welche Freiheit hat ein Mensch, der ‚frei' Wählen darf?**

   Frei bedeutet, dass die Wählerinnen und Wähler frei entscheiden können, wen sie wählen. Niemand darf sie unter Druck setzen.

3. **Was bedeutet es, wenn eine Wahl ‚allgemein' ist?**

   Allgemein bedeutet, dass grundsätzlich jede und jeder wählen darf. Geschlecht, Religion, Kultur, Beruf, Herkunft und Alter schließen niemanden aus.

4. **Wann sind Wahlen ‚gleich'?**

   Gleich bedeutet, dass jede Stimme gleich viel Gewicht hat.

5. **Welche Gründe gibt es dafür, dass eine Wahl ‚unmittelbar' sein soll?**

   Unmittelbar heißt, dass Kandidatinnen und Kandidaten direkt gewählt werden. Es gibt keine „Wahlmänner“ oder „Wahlfrauen“, auf die die eigene Stimme übertragen wird.

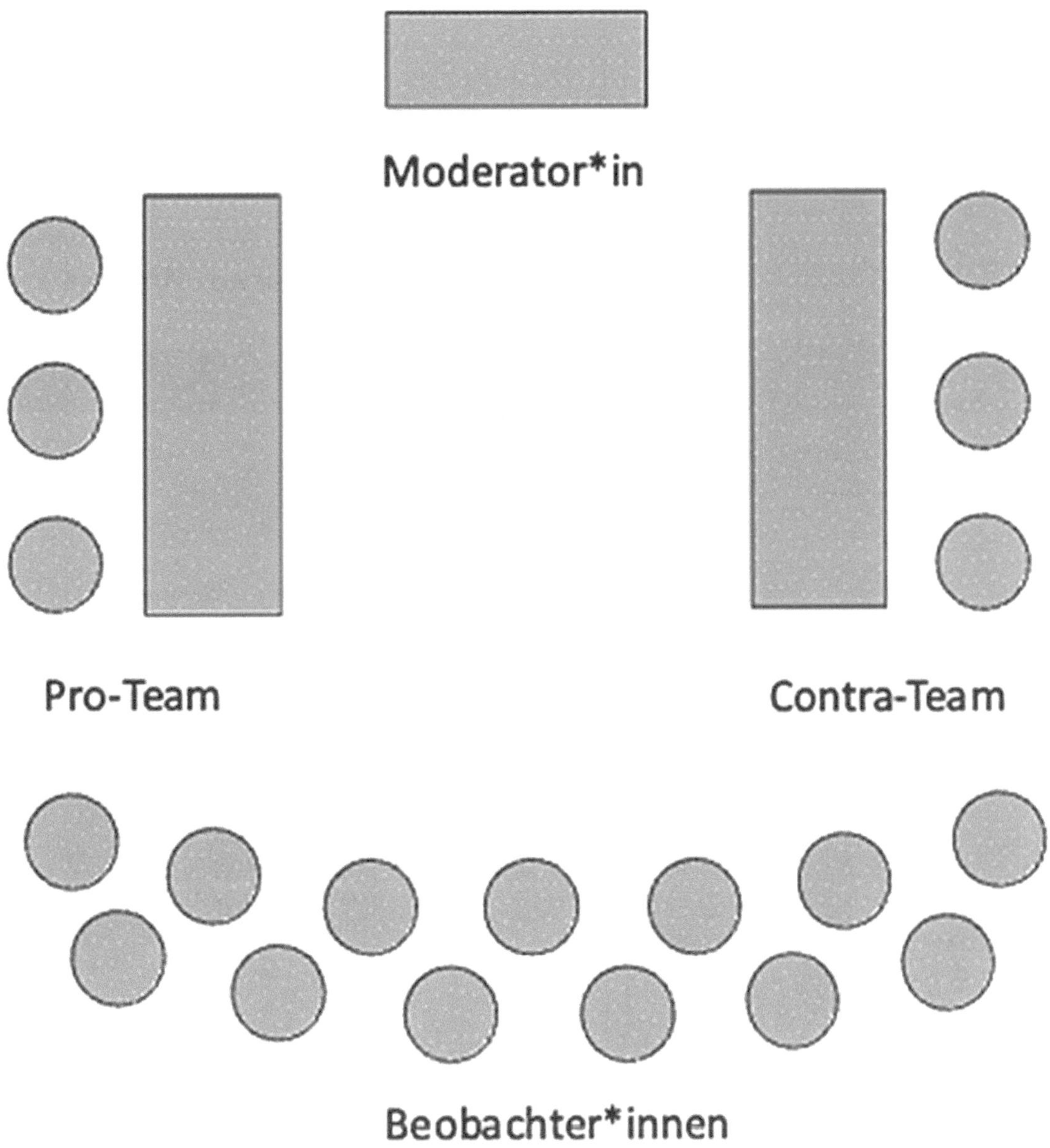
Moderator*in
Pro-Team
Contra-Team
Beobachter*innen

M 2.6 Klassenposter

Geschichte der Demokratischen Wahlen:

Demokratie kommt aus dem griechischen und heißt „Herrschaft des Volkes". In der Antike durfte das Volk erstmals eine Regierung wählen.

GEHEIM

FREI

GLEICH

Demokratische Wahlen

UNMITTELBAR

ALLGEMEIN

Was ist Demokratie?

Deutschland ist eine Demokratie und deshalb haben wir hier alle die gleichen Rechte und Pflichten. Jeder Mensch darf seine Meinung äußern, sich informieren, versammeln und wählen (ab 16/18 Jahren).

Wie läuft ein Wahltag ab?

- Wenn du wählen darfst, informiere dich, wen du wählen möchtest.
- Gehe zu deinem Wahllokal.
- Dort erhältst du einen Stimmzettel.
- Falte den Stimmzettel und wirf ihn in eine Wahlurne.
- Wenn die Wahllokale geschlossen sind, werden die Stimmen ausgezählt.

Beispiele für demokratische Wahlen

Landtagswahlen:

- Alle 5 Jahre
- Wer regiert unser Bundesland?

Kommunalwahlen:

- Wer wird unsere Bürgermeisterin/ unser Bürgermeister?
- Wer vertritt unsere Stadt?

Bundestagswahlen:

- alle 4 Jahre
- Wer arbeitet mit unserer Bundeskanzlerin/ unserem Bundeskanzler zusammen?

Quellen: www.hanisauland.de www.kinderzeitmaschine.de www.helleskoepfchen.de www.demokratiegeschichte.de www.bpb.de https://openclipart.org/artist/oksmith

Modul „Politisches Wissen ausbauen: Die Kette der Bürgermeisterin/des Bürgermeisters"

Was kann anhand dieses Moduls gelehrt/gelernt werden?

Die Amtskette der Bürgermeisterin/des Bürgermeisters gehört zu den staatlichen Symbolen, die einer Person eine besondere Würde verleihen. Aber wer darf denn eigentlich für das Amt der Bürgermeisterin/des Bürgermeisters kandidieren? Wie läuft eine Bürgermeister*innenwahl ab? Und welche Aufgaben hat eine Bürgermeisterin/ein Bürgermeister? Diesen und ähnlichen Fragen widmet sich das Modul. Dabei lässt sich das fachdidaktische Modul „Die Kette der Bürgermeisterin/des Bürgermeisters" nach dem Politikkompetenzmodell (Detjen et al. 2012) insbesondere der Kompetenzdimension „politisches Fachwissen" zuordnen (vgl. Abb. 2). Die Schüler*innen werden mit den Konzepten und Begriffen von „Privatheit", „Öffentlichkeit" und dem „Umgang mit staatlichen Symbolen" vertraut gemacht. Um dies zu erreichen wird auf die Methodik des Expert*inneninterviews zurückgegriffen.

Vorstellungen der Grundschüler*innen zum Amt der Bürgermeisterin/des Bürgermeisters

Grundschüler*innen sind in der Lage politische Akteure zu erkennen und diese wahrzunehmen. Aus der Studie von Easton & Dennis aus dem Jahr 1969 geht hervor, dass Kinder ein Konzept zum Präsidenten und der Regierung besitzen und diesem verschiedene Eigenschaften und Aufgabenbereiche zuschreiben können. Die Studie – von Greenstein 1976, – bestätigt das zuvor geschilderte Verständnis der Kinder zu politischen Ämtern und kommt zu dem Ergebnis: „[...], dass die Bedeutung von politischen Funktionen und Ämtern bei Kindern bereits im Alter von unter neun Jahren ausgebildet werden" (Greenstein (1976) zit. nach Götzmann (2015), S. 42, vgl. auch Asal & Burth (2016) sowie Becher & Gläser (2019)).
„Politik ist *öffentlicher* Konflikt von Interessen unter den Bedingungen von *öffentlichem* Machtgebrauch und Konsensbedarf" (von Alemann, Ulrich (1995), S. 148). Geht es also um das Aushandeln öffentlicher Interessen, so ist die Unterscheidung von „Öffentlichkeit" und „Privatheit" wesentlich. Grundschüler*innen besitzen zu den Bereichen „Öffentlichkeit" und „Privatheit" Präkonzepte. Sie sind fähig Berufe den Bereichen „Öffentlichkeit" und „Privatheit" zuzuordnen, was auf ein Vorverständnis zur Differenzierung dieser Bereiche schließen lässt. Bei jüngeren Schüler*innen weisen die vorhanden Präkonzepte zur Öffentlichkeit jedoch noch keine Trennschärfe auf. Zudem liegen bei einigen von ihnen auch Fehlvorstellungen vor, welche jedoch nicht willkürlich und unüberlegt sind. Sie entwickeln eigene Kriterien, mithilfe derer sie versuchen Berufe einzuordnen, z. B. durch das Tragen einer Uniform (z. B. Polizei, Feuerwehr) oder Fahren von farblich markanten Autos (z. B. Post) (vgl. Moore, Lare & Wagner 1985).

Wird nach dem Vorwissen von Kindern im Grundschulalter hinsichtlich staatlicher Symbole gefragt, so erklären Kinder häufig die Bedeutung von Symbolen anhand von Personalisierungen. Grundschüler*innen können bereits politische Symbole und Zeichen erkennen, jedoch zeugt dieses bloße Erkennen von Symbolen noch von keinem Wissen über diese und trifft keine Aussage darüber inwiefern dieses bereits vorhandene Wissen politisch aufgeladen ist (vgl. Götzmann 2015).

Die Lernenden können sinnvolle Aufgaben und Zuständigkeiten der Bürgermeisterin/des Bürgermeisters benennen. Dabei besitzen Viertklässler*innen ein signifikant höheres Wissen als die Kinder der Klasse eins. Es lässt sich daraus schließen, dass die vorhandenen Konzepte der Kinder mit steigendem Alter immer ausdifferenzierter werden, allerdings kennen die Lernenden viele Fachbegriffe zu den Fachkonzepten nicht und versuchen diese zu umschreiben (vgl. Götzmann 2015). Schließlich fragte Blöcker (2020) Grundschüler*innen nach den spezifischen Aufgaben des Bürgermeisters/der Bürgermeisterin. Die Kinder antworten sehr konkret mit „viel telefonieren", „sich um die Stadt kümmern" oder „Besuche aufgrund von Geburtstagen abstatten" (Blöcker 2020, S. 374). Auch hier stellt sich auch heraus, dass die Vorstellungen vieler Kinder zu den expliziten Aufgaben einer Bürgermeisterin/eines Bürgermeisters noch nicht ausgereift sind.

Auszug aus einer Befragung von Schüler*innen einer 2. Klasse (2022):

Welche Aufgaben hat der Bürgermeister von Münster?

- „Der darf über die Stadt bestimmen."
- „Der Bürgermeister lebt im Rathaus."
- „Wenn in Münster ein Haus gebaut werden soll, kann er sagen, ob es gebaut werden soll oder nicht."
- „Der Bürgermeister muss bestimmen, wie viele Stunden und wie viel Geld eine Lehrerin bekommt."
- „Der Bürgermeister muss etwas über die Stadt wissen."
- „Der Bürgermeister muss die Steuern eintreiben."

In der Studie von Dondl (2013) wird deutlich, dass die Kinder wissen, dass eine Bürgermeisterin/ein Bürgermeister nicht allein arbeitet, sondern ihr/ihm Mitarbeiter*innen der Verwaltung zur Seite stehen. Zu diesen Ergebnissen kommt auch Götzmann (2015).
Weiterhin wurde das Wissen der Lernenden zu der Frage erhoben, wie man Bürgermeister*in wird. Schüler*innen im Grundschulalter wissen, dass eine Bürgermeisterin/ein Bürgermeister nicht in das Amt hineingeboren wird, sondern politische Ämter durch Wahlen vergeben werden (Moore 1985, van Deth, Abendschön, Rathke & Vollmer 2007).
Der Unterricht knüpft an diese vorunterrichtlichen Vorstellungen der Lernenden an, um eine Weiterentwicklung bzw. Veränderung der Konzepte zu ermöglichen.

Fachliche Klärung des Lerninhalts – die hauptamtliche Bürgermeisterin/der hauptamtliche Bürgermeister am Beispiel der nordrhein-westfälischen Gemeindeordnung

Bürgermeister*innen sind das „Gesicht" einer jeden Gemeinde oder Stadt. Sie werden direkt durch die Bürger*innen gewählt. Stimmberechtigt sind alle Deutschen oder EU-Bürger*innen der Stadt/Gemeinde, welche das 16. Lebensjahr erreicht haben. Die Amtszeit der Bürgermeister*innen variiert je nach Bundesland, in Baden- Württemberg beträgt diese acht Jahre, in NRW hingegen nur fünf Jahre (vgl. Ministerium des Inneren des Landes Nordrhein-Westfalen o. J., Internetredaktion LpB BW 2022).
Bürgermeister*innen werden drei Hauptaufgaben zugeschrieben: oberste Repräsentantin/oberster Repräsentant der Kommune, Vorsitzende*r des Gemeinderates sowie Leiter*in der Verwaltung.

Aufgaben, Rechte und Pflichten

Bürgermeister*innen sind die obersten Vertreter einer jeden Gemeinde/Stadt und damit die obersten Repräsentanten. Sie geben für die Gemeinden und Städte verpflichtende Erklärungen ab und unterzeichnen Beschlüsse, Vereinbarungen, Verträge und Urkunden. Wird ein Vergleich zur Bundesebene angestrebt, so lässt sich dieser Aufgabenbereich mit denen der Bundespräsidentin/des Bundespräsidenten vergleichen (vgl. Gläser 2016).

Als Vorsitzende des Gemeinde- bzw. Stadtrates, haben Bürgermeister*innen dort einen Sitz und sind stimmberechtigt. Innerhalb des Gemeinde- oder Stadtrates stellen die Bürgermeister*innen die Tagesordnung auf und leiten die Sitzungen. Im äußersten Fall können Bürgermeister*innen Widerspruch gegen einen Beschluss des Rates einlegen, wenn sie oder er der Meinung ist, dass das Wohl der Gemeinde gefährdet ist. Zudem haben Bürgermeister*innen das Recht, Dringlichkeitsentscheidungen zu fällen, wenn der Gemeinde- oder Stadtrat nicht mehr rechtzeitig zusammenkommen kann, um dringend erforderliche Beschlüsse zu fassen.

Darüber hinaus leiten die Bürgermeister*innen die Gemeinde- oder Stadtverwaltung. Sie sind für die rechtlich korrekte Arbeit der Verwaltung verantwortlich. Außerdem sind die Bürgermeister*innen dem Bund und dem Land für die ordnungsgemäße Ausführung der Auftragsangelegenheiten z. B. nach dem Personenstandsgesetz verantwortlich sowie für die Beibehaltung und Verbesserung der Lebensbedingungen für die Bürger*innen innerhalb der Gemeinde/Stadt. Auf Bundesebene lässt sich dieser Aufgabenbereich der Bürgermeisterin/des Bürgermeisters mit dem Amt der Bundeskanzlerin/des Bundeskanzlers vergleichen (vgl. Gläser 2016).

Die Vertretung der Bürgermeister*innen übernimmt im Bereich der Verwaltungsleitung ein vom Rat bestimmter Beigeordneter. Im repräsentativen Bereich stehen ehrenamtliche Bürgermeister*innen zur Seite.

Die Amtskette
Die Amtskette einer Bürgermeisterin/eines Bürgermeisters ist eine oft aus hochwertigen Materialien wie Gold und Silber gefertigte Halskette. Sie ist mit verschiedenen Symbolen, Wappen oder Anhängern versehen, die die Geschichte oder Besonderheiten der Stadt repräsentieren. Die Amtskette wird häufig zu feierlichen Anlässen, Ehrungen oder offiziellen Veranstaltungen getragen. Das symbolische Accessoire weist darauf hin, dass ihre Trägerin/ihr Träger oberste Vertreter*innen der Bürgerinnen und Bürger ist.

Wählbarkeitsvoraussetzungen
Um als Kandidat*in für die Wahl zur Bürgermeisterin/zum Bürgermeister zugelassen zu werden, muss die Kandidatin/der Kandidat in Nordrhein-Westfalen mindestens 23 Jahre alt sein, deutsche Staatsbürgerin/deutscher Staatsbürger oder EU-Bürger*in sein und einen Hauptwohnsitz in Deutschland haben (vgl. Gemeindeordnung NRW). Die Wahl der Bürgermeisterin/des Bürgermeisters erfolgt als Direktwahl. Es gilt das Mehrheitswahlrecht. Während der Amtszeit ist die Bürgermeisterin/der Bürgermeister kommunale Wahlbeamtin/kommunaler Wahlbeamter.

*Abwahl von Bürgermeister*innen*
Es kommt immer wieder vor, dass Bürger*innen mit der Amtsführung unzufrieden sind oder sich Bürgermeister*innen nicht korrekt verhalten. Wie kann also eine Bürgermeisterin/ein Bürgermeister abgewählt werden? Zwischen den Bundesländern zeigen sich erhebliche Verfahrensunterschiede und in zwei Bundesländern ist eine Abwahl gar nicht möglich. Beispielhaft werden hier Kriterien und Verlauf einer Abwahl in Nordrhein-Westfalen beschrieben.
In Nordrhein-Westfalen gibt es zwei Wege, um ein Abwahlverfahren gegen hauptamtliche Bürgermeister einzuleiten. Entweder auf Initiative des Rats oder der Bürgerschaft. Im ersten Fall ist ein von der Hälfte der Ratsmitglieder gestellter Antrag Voraussetzung für den Beginn eines Abwahlverfahren. Diesem Antrag muss eine Zwei-Drittel-Mehrheit im Rat zustimmen. Kommt die Initiative aus der Bürgerschaft, muss ein Antrag beim Gemeinde- oder Stadtrat gestellt werden, der von einer bestimmten Anzahl wahlberechtigter Bürger*innen der Gemeinde unterschrieben ist. Wie viele Unterschriften dafür nötig sind, hängt von der Einwohnerzahl ab. Wird ein Abwahlverfahren eingeleitet, muss es innerhalb von drei Monaten stattfinden. Alle wahlberechtigten Bürger*innen einer Gemeinde entscheiden dann über die Abwahl. Nötig ist eine Mehrheit der abgegebenen gültigen Stimmen. Bürgermeister*innen dürfen der Entscheidung durch die Bürger*innen durch eine Verzichtserklärung zuvorkommen.

Fachdidaktische Rahmung

Fachdidaktisches Prinzip: Handlungsorientierung

Handlungsorientierter Unterricht ist durch ein Grundverständnis von Lernen und Unterricht gekennzeichnet, bei dem sich die Schüler*innen nicht nur theoretisch, sondern auch aktiv/praktisch mit den Lerninhalten auseinandersetzen – hier steht die selbstständige Auseinandersetzung der Schüler*innen mit politischer Bildung im Fokus (Vgl. Mittnik, Lauss & Schmid-Heber 2018). Das vorliegende Modul bezieht die Schüler*innen aktiv in die Planung, Durchführung und Reflexion eines Interviews mit der Bürgermeisterin/dem Bürgermeister ein, um eine Weiterentwicklung bzw. Veränderung der Konzepte zu ermöglichen.

*Methoden: Expert*inneninterview und Stationenlernen zur Vorbereitung des Interviews*
*Expert*inneninterview*
Die Methode des Experteninterviews (vgl. Detjen 2014) hat ihren Ursprung in der qualitativen sozialwissenschaftlichen Forschung und ermöglicht es den Schüler*innen selbstständig Informationen mittels eines Interviews zu generieren. Das Expert*inneninterview unterstützt einen handlungsorientierten sowie durch Elemente des forschenden Lernens geprägten Unterricht (vgl. Barth und Bürgener 2022).

Als Expert*innen werden dabei oftmals Personen bezeichnet, welche aufgrund ihres Berufs, ihren gemachten Erfahrungen oder durch Bildungsmaßnahmen über eine Expertise verfügen. „Als Expert*innen [...] kommen alle Personen in Frage, die in einem bestimmten Themenfeld über ein besonders Sach-, Prozess- oder Erfahrungswissen verfügen" (Straßner 2020, S. 197).

Der Einsatz von Expert*inneninterwies ermöglicht es den klassischen Unterricht und damit die Schule zu öffnen. Anhand der einbezogenen außerschulischen Partner*innen werden den Schüler*innen Einblicke in reales Handeln ermöglicht (vgl. Barth und Bürgener 2022). Der direkte Lebensweltweltbezug der durch den Einsatz des Expert*inneninterviews entsteht, wirkt sich zudem motivierend auf die Schüler*innen aus.

Das Expert*inneninterview kann im Unterricht in verschiedenen Phasen eingesetzt werden. Zu Beginn einer Unterrichtsreihe erlangen die Schüler*innen durch die Befragung Fachwissen. Zudem kann die persönliche Begegnung mit den Expert*innen zu einer verbesserten Einprägung des neu gewonnen Wissens beitragen. Die Methode der Expert*innenbefragung kann aber auch eher am Ende einer Unterrichtsreihe zum Einsatz kommen. Zu diesem Zeitpunkt verfügen die Schüler*innen bereits über Fachwissen, weshalb Sichtweisen, Wertungen und persönliche Erfahrungen und Einschätzungen der befragten Person im Vordergrund stehen.

Das Expert*inneninterview lässt sich in drei Phasen gliedern, der Vorbereitungs-, Durchführungs- und Nachbereitungsphase. In der ersten Phase, der Vorbereitungsphase, werden die Schüler*innen zunächst in die Thematik eingeführt. Im Anschluss wird (falls noch unbekannt) die Methode des Expert*inneninterviews vorgestellt. Die Zielvorstellungen des Interviews werden besprochen und die Schüler*innen sammeln und formulieren erste Interviewfragen. Darüber hinaus erhalten die Schüler*innen weitere Hilfestellungen zur Entwicklung von Fragestellungen (vgl. Barth und Bürgener 2022). Daran anknüpfend erstellen die Schüler*innen einen Interviewleitfaden und klären in welcher Art und Weise die Sicherung erfolgen soll (Stichpunkte/Aufnahme). Die Durchführungsphase beginnt mit der Begrüßung der Expertin/des Experten. Die Schüler*innen führen das Experten*inneninterview durch und dokumentieren dieses in der zuvor festgelegten Art und Weise. Im Anschluss wird die Expertin/der Experte verabschiedet. Zum Abschluss – in der Aufbereitungsphase – tragen die Schüler*innen die verschiedenen Antworten zusammen und arbeiten diese auf, sodass die Ergebnisse anhand verschiedenster Darstellungsformen präsentiert werden können (vgl. Barth und Bürgener 2022).

Lernstationen zur Vorbereitung des Interviews
Die Arbeit an den Lernstationen eignet sich besonders gut, um ein Thema differenziert, „multiperspektivisch und selbstständig" (Möller & Lange, 2022, S. 406) zu erarbeiten. Die Lernenden bestimmen, mit welchen Themen sie sich bevorzugt auseinandersetzen möchten und wie viel Zeit sie in die Bearbeitung investieren.

Es stehen Tippkarten zur Verfügung um eine qualitative Differenzierung zu ermöglichen. Darüber hinaus bieten die Lernstationen sowohl offene als auch geschlossene Aufgabenstellungen und verbinden bereits bekannte Lerninhalte mit neuen Wissensstrukturen (vgl. Möller & Lange, 2022). Die Wahl der Operatoren resultiert aus dem Politikkompetenzmodell.

Das Arbeitsblatt der *ersten Lernstation* behandelt die *Voraussetzungen, um zur Wahl der Bürgermeisterin/des Bürgermeisters zugelassen zu werden.* Der kurze Einführungstext liefert alle wichtigen Informationen zur Bearbeitung der Aufgabe und erweitert das Fachwissen zum Thema Wahlen. Die Operatoren „Prüfen" und „Begründen" erfordern Erweiterungs- und Werturteile anhand derer die Schüler*innen ihre politische Urteilsfähigkeit ausbauen. Da es zwei Lösungen für die Aufgabe gibt, müssen die Schüler*innen erkennen, welche Eigenschaften wertvoll für den Beruf der Bürgermeisterin/des Bürgermeisters sind und ihre Lösung entsprechend begründen.

Lernstation zwei beschäftigt sich mit dem *Wahlprozess.* Im Vordergrund des Arbeitsauftrags steht der Ausbau des Fachwissens zum Fachkonzept „Wahlen". Die Schüler*innen erweitern sowohl ihr Fachvokabular als auch ihr Wissen über politische Prozesse.

Dies gilt auch für die Auseinandersetzung mit der *Lernstation drei.* Wie in der Studie von Götzmann deutlich wurde, treten bei Grundschüler*innen Schwierigkeiten bei der Unterscheidung zwischen Öffentlichkeit und Privatheit auf. Um eben diese Unterscheidung zu erleichtern, sollen die Lernenden den Tagesplan der Bürgermeisterin/des Bürgermeisters hinsichtlich privater und öffentlicher Termine untersuchen. Im Interview sollte die Bürgermeisterin/der Bürgermeister zu öffentlichen Angelegenheiten Stellung nehmen können, private Fragen müssen nicht beantwortet werden.

Die *Lernstation vier* soll zum Themenbereich *Aufgabenbereiche der Bürgermeisterin/des Bürgermeisters und des Gemeinderats* das Fachwissen aufbauen und bereits vorhandenes Fachwissen erweitern. Die Bestückung der Pinnwand soll dazu beitragen, dass wichtige Informationen und Textinhalte veranschaulicht dargestellt werden.

Die *fünfte Lernstation* geht der Frage nach, welche *Zuständigkeiten die Bürgermeisterin/der Bürgermeister besitzt.* Die Lernenden sollen die Aussagen auf ihre Korrektheit überprüfen. Zur Differenzierung der Leistungsniveaus sind die Aussagen verschieden komplex und erfordern ein unterschiedliches Ausmaß an Hintergrundwissen.

In den *zwei zusätzlichen Lernstationen* können die Schüler*innen kreativ arbeiten. Indem sie in Partnerarbeit ein Plakat *mit wichtigen Informationen erstellen oder Fragen für das Interview entwerfen.*

Während der Arbeitsphase sollen die Lernenden ihr Fachvokabular erweitern und neue Fachwörter festigen, indem sie eigenständig einen *Wortspeicher* führen. Anhand des stetig wachsenden Wortspeichers dient auch dazu, die Wissenszunahme zu visualisieren. Der Wortspeicher kann auch zur erleichterten Formulierung der Fragen für das Expert*inneninterview beitragen, die lernbegleitend in einer Fragensammlung notiert werden. Mögliche Fragen können wie folgt lauten:

- Wie bist du Bürgermeister*in geworden?
  Kinder könnten sich dafür interessieren, wie jemand Bürgermeister*in wird und welche Schritte man unternehmen muss, um in dieser Position zu sein.
- Warum hast du beschlossen, Bürgermeister*in zu werden?
  Kinder könnten wissen wollen, welche Gründe oder Motivationen jemanden dazu gebracht haben, Bürgermeister* zu werden.
- Was macht dir an deiner Arbeit am meisten Spaß?
  Hier könnten Kinder die Bürgermeisterin/den Bürgermeister nach den Aspekten seines Jobs fragen, die er besonders mag.
- Welche Arbeit magst du nicht so gerne?
- Wie sieht dein Tag aus?
- Bei welchen Gelegenheiten trägst du die Amtskette?
- Wie triffst du Entscheidungen für die Stadt?

Diese Frage könnte den Kindern helfen zu verstehen, wie die Bürgermeisterin/der Bürgermeister Entscheidungen trifft und wie sie oder er sicherstellt, dass sie im besten Interesse der Gemeinschaft sind.

- Was macht der Gemeinderat?
- Wer hilft dir bei deinen Aufgaben?

Die Antwort auf diese Frage könnte die Arbeit der Verwaltung, der Feuerwehr oder anderer Institutionen erklären.

- Was ist das Wichtigste, das du für unsere Stadt erreichen möchtest?
  Hier könnten die Kinder den Bürgermeister nach seinen Zielen für die Stadt fragen und was er erreichen möchte, um die Stadt besser zu machen.
- Hast du als Bürgermeister auch mal Spaß?
  Mit dieser Frage könnten die Kinder die Bürgermeisterin/den Bürgermeister nach den lustigen oder interessanten Seiten ihres/seines Jobs fragen, um zu zeigen, dass auch öffentliche Personen Spaß haben können.
- Was können wir als Kinder für unsere Stadt tun?

Hier könnten die Kinder nach Ideen fragen, wie sie selbst dazu beitragen können, ihre Stadt zu einem besseren Ort für die Bürgerinnen und Bürger zu machen.

Die Fragen orientieren sich an den Aufgaben aus dem Stationenlernen und können dazu beitragen, dass die Kinder verstehen, wie der die Bürgermeisterin oder der Bürgermeister ihre/seine Rolle sieht und wie sie selbst positive Veränderungen in ihrer Gemeinschaft bewirken können.

Planungsskizze zum Modul: „Politisches Wissen ausbauen: Die Kette der Bürgermeisterin/des Bürgermeisters"

Leitfrage: Wie gelingt es uns Kinder im Grundschulalter für Kommunalpolitik zu interessieren? Das Wissen über die Bürgermeisterin/den Bürgermeister einer Stadt fungiert wie ein Grundstock, auf den die Schüler*innen weiter aufbauen können. Es ist wie bei einem Puzzle: Wenn man bereits einige Teile hat, fällte es leichter, neue Teile hinzuzufügen, weil man bereits ein Bild davon hat, wie die anderen Teile aussehen könnten. Schüler*innen, die bereits Grundkenntnisse zum Amt der Bürgermeisterin/des Bürgermeisters haben, können neue Informationen z. B. zum Stadtrat oder der Stadtverwaltung besser aufnehmen. Dabei dient das Wissen über die Bürgermeisterin/den Bürgermeister als Referenzpunkt, an den sie das Neue anknüpfen können. Außerdem fördert bereits vorhandenes Wissen die Neugier und die Motivation, noch mehr zu lernen. Das Selbstbewusstsein steigt, und sie werden offener für komplexere oder vertiefte Konzepte.

Abb. 13: Zentrale Schritte für die Gestaltung des Unterrichts zum Modul „Politisches Wissen ausbauen. Die Kette der Bürgermeisterin/des Bürgermeisters" (Quelle: eigene Darstellung)

Unterrichts-schritt	Elemente des Moduls	Methoden/Material
1. Schritt 	Die Schüler*innen aktualisieren ihr Vorwissen anhand der Frage: „Was fällt euch spontan zu dieser Person ein?" „Was würdet ihr gern über diese Person erfahren?" (Während dieser Phase liegt ein Foto der Bürgermeisterin/des Bürgermeisters in der Mitte eines Stuhlkreises) Es folgt die Erstellung eines Fragen- Interessenkatalogs sowie die Vorstellung der Methode des Expert*inneninterviews **Ziele:** Vorunterrichtliche Vorstellungen und Interessen der Schüler*innen erheben und strukturieren. Sie bilden den Ausgangspunkt für weiteres Lernen.	**Themenbezogenes Blitzlicht** Bild der Bürgermeisterin/des Bürgermeisters
2. & 3. Schritt 	Die Bearbeitung folgender Fragen dient der Vorbereitung des Interviews. • Wie wird eine Bürgermeisterin/ein Bürgermeister gewählt? • Welche Voraussetzungen benötigt man, um Bürgermeisterin/ Bürgermeister zu werden? • Welche Aufgaben hat eine Bürgermeisterin/ein Bürgermeister? • Welche Entscheidungskompetenz besitzt sie/er? • Wer hilft der Bürgermeisterin/dem Bürgermeister? • Welche Ziele sollen zeitnah erreicht werden? • Was wünschen sich die Schüler*innen von ihrer Bürgermeisterin/ ihrem Bürgermeister? • Was können die Kinder für ihre Stadt tun? **Ziel:** Aufbau von Wissen mithilfe der Lernstationen oder weiterer Materialien z. B. Artikel der Lokalzeitung	 **Stationenlernen** In Gruppen arbeiten Lernstationen [M 3.1]
4. Schritt 	**Expert*innenbefragung** **A. Vorbereitung** • Erstellung einer Anfrage für einen Besuchstermin an die Bürgermeisterin/den Bürgermeister (Formulierung eines Briefes mit der Bitte um ein Interview und den konkreten Fragen) • Sammeln und formulieren erster Interviewfragen • Entwicklung eines Interviewleitfragens • Festlegung in welcher Art und Weise die Sicherung der Antworten erfolgen soll (Stichpunkte/Aufnahme) **B. Durchführungsphase** • Besuch des Rathauses/der Stadtverwaltung • Begrüßung, Vorstellung und Einführung in das Interview • Durchführung des Interviews • Verabschiedung **C. Aufbereitungsphase** • Auswertung des Interviews und Aufbereitung der Antworten • Ergebnispräsentation anhand verschiedenster Darstellungsformen • Reflexion des Ablaufs **Ziel:** Erweiterung des politischen Fachwissens	 **Expert*inneninterview**
	Evaluation & Reflexion der gemeinsamen Arbeit auf drei Ebenen • ... Erweiterung des politischen Fachwissens • ... sozialwissenschaftliche Methodenkompetenz: ein „Experteninterview" planen, durchführen und auswerten • ... Zusammenarbeit in der Klasse	 **Reflexionskarten** [M 3.2]

Unterrichts-schritt	Elemente des Moduls	Methoden/Material
5. Schritt	Folgende Zielsetzungen werden in den Blick genommen werden: **Politische Urteilsfähigkeit** Entwicklung politischer Urteilsfähigkeit durch den Ausbau von Wissensbeständen. **Politische Handlungsfähigkeit** Artikulieren **Politisches Fachwissen** Fachkonzept „Repräsentation" und „Öffentlichkeit" **Einstellung & Motivation** Interesse & Selbstbewusstsein	

Kompetenzerwartungen

Das vorliegende Modul „Die Kette der Bürgermeisterin/des Bürgermeisters" leistet im Rahmen des allgemeinen Bildungs- und Erziehungsauftrags der Schule einen wertvollen Beitrag, denn am Ende der vierten Klasse wird von den Schüler*innen erwartet, dass diese die „Aufgaben und Ämter in der Kommune und Institutionen der öffentlichen Versorgung" (Ministerium für Schule und Bildung des Landes Nordrhein-Westfalen 2021, S. 185) kennen und deren Bedeutung für die Gesellschaft darlegen können.

Durch den Austausch der Schüler*innen mit Expert*innen werden neue Informationen aus erster Hand gewonnen, was zur Förderung des Fachwissens beiträgt. Beispielsweise entwickeln die Schüler*innen trennschärfere Konzepte zu Öffentlichkeit und Privatheit sowie zu staatlichen Symbolen. Die bestehenden Präkonzepte sowie das erlernte Wissen der Schüler*innen wird erweitert und praktisches mit theoretischem Wissen verknüpft und in Relation zueinander gesetzt. Die Lernenden erkennen voraussichtlich so, dass ihre vorhandenen Vorstellungen nicht mehr angemessen sind. In der Literatur wird diese Veränderung auch als Conceptual Change (vgl. Posner, Strike, Hewson & Gertzog 1982) bezeichnet.

Die Schüler*innen werden anhand des Expert*inneninterviews zudem in ihrer politischen Handlungsfähigkeit gestärkt. Im Expert*inneninterview lernen die Kinder, ihre eigenen Interessen zu artikulieren, aber auch die Perspektive der Bürgermeisterin/des Bürgermeisters einzunehmen. Damit dient die Erarbeitung und die Umsetzung des Expert*inneninterviews zudem der Förderung des politischen Interesses. Außerdem führen die Lernenden das Interview weitestgehend selbstständig durch. Dies trägt zu einem erhöhten Selbstbewusstsein bei.

Material

M 3.1 Lernstationen

Lernstation 1

Name: ________________ Datum: ________________

Traumberuf: Wer kann Bürgermeisterin oder Bürgermeister werden?

In einer kleinen Stadt wird ein neue Bürgermeisterin oder ein neuer Bürgermeister gesucht. Es haben sich schon viele Leute auf den Job beworben, allerdings sind nicht alle geeignet.

Wenn man Bürgermeister oder Bürgermeisterin werden möchte...

... muss man mindestens 23 Jahre alt sein

... muss man deutscher Staatsbürger/deutsche Staatsbürgerin oder Bürgerin/Bürger der Europäischen Union sein

... muss man in Deutschland wohnen

... müssen einen viele Bürgerinnen und Bürger unterstützen

Arbeitsauftrag:

Lies dir die Steckbriefe der Bewerberinnen und Bewerber durch.

Prüfe, wer für den Job geeignet ist.

Begründe, wen du wählen würdest.

Name: Adrian

Alter: 29 Jahre

Hobbys: Fußball

Adrian interessiert sich schon lange für Politik. Er ist gerade aus Indien nach Deutschland gezogen. Auch wenn er noch kein deutscher Staatsbürger ist, möchte er in der Politik mitmachen.

Name: Markus

Alter: 40 Jahre alt

Hobbys: Lesen

Markus ist sehr schüchtern und redet nicht viel. Er arbeitet in einem Büro einer großen Firma. Da sein Beruf ihn langweilt, will er gerne mal einen neuen Job ausprobieren.

Name: Julia

Alter: 35 Jahre alt

Hobbys: Klavier spielen

Julia ist in vielen Vereinen aktiv. Sie ist hilfsbereit und hat immer viele Ideen. Sie möchte gerne mehr bewirken und hat sich deshalb auf den Posten der Bürgermeisterin beworben.

Lernstation 2

Name: ________________ Datum: ________________

Wahlen: Wie läuft eine Wahl zur Bürgermeisterin/ zum Bürgermeister ab?

Arbeitsauftrag:

Suche dir einen Partner oder eine Partnerin.

Lest die Sätze nacheinander vor.

Ordnet die Sätze in der richtigen Reihenfolge an, indem ihr sie nummeriert (Tippkarte)

	Die Person mit den meisten Stimmen gewinnt die Wahl.
	Im Wahllokal warten **Wahlhelfer**. Sie prüfen, ob sich alle an die Regeln halten.
1.	Spätestens drei Wochen vor der Wahl, erhält jeder Wahlberechtigte die **Wahlbenachrichtigung**. Dort steht, wann und wo die Wahl stattfindet.
	Die Wählerin oder der Wähler entscheidet sich für eine Kandidatin oder einen Kandidaten und setzt hinter dem Namen einen Kreuz auf dem Wahlzettel.
	Zum Schluss wirft die Wählerin/der Wähler den Stimmzettel gefaltet in die **Wahlurne**.
	Dann geben die Wahlhelfer der Wählerin/dem Wähler einen Stimmzettel. Diesen nimmt die Wählerin/ der Wähler mit zur **Wahlkabine** und füllt ihn dort aus.

Tippkarte zu Lernstation 2

1. Achte auf die Formulierungen, wie zum Beispiel „Dann“ oder „Zum Schluss“.

2. Wichtige Begriffe:

Wahlbenachrichtigung:

Das ist ein Brief oder eine Postkarte

Wahllokal:

Das ist der Raum, in dem gewählt wird.

Stimmzettel:

Auf dem Zettel stehen die verschiedenen Personen, die zur Wahl antreten.

Wahlkabine:

Das ist ein Tisch, auf den Wände gestellt werden. So kann niemand sehen, wen die Person wählt.

Wahlurne:

In der Box werden die Stimmzettel gesammelt.

Lernstation 3

Name: ________________ Datum: ________________

Tagesablauf: Was macht die Bürgermeisterin oder der Bürgermeister?

Lies dir den Tagesplan genau durch.

Überlege dir, bei welchen Terminen handelt es sich um private Dinge und wann geht es um öffentliche Angelegenheiten?

Streiche alle privaten Informationen durch.

Uhrzeit	Termine
7 Uhr	Der Wecker klingelt! Der Bürgermeister steht auf, frühstückt und fährt los.
8 Uhr	Im Rathaus angekommen, redet er mit der Sekretärin über die heutigen Termine.
8:30 Uhr	In seinem Büro liegt bereits ein Stapel von Briefen und Anträgen. Diese schaut er sich in Ruhe an und macht sich Notizen. Einige der Anträge wird er später dem Rat vorstellen.
10 Uhr	Er hat einen Termin mit der Chefin des Jugendzentrums. Es geht um den Umbau des Skaterparks.
11:30 Uhr	Danach telefoniert er mit dem Leiter der Feuerwehr. Dieser hat ihn zur Einweihung der neuen Lagerhalle eingeladen.
12 Uhr	Pause! Der Bürgermeister fährt nach Hause. Dort gibt es Mittagessen. Danach fährt er wieder zurück zur Gemeinde.
14 Uhr	Um 14:00 Uhr fährt der Bürgermeister für einen kurzen Besuch zum Altenheim. Dort lebt seine Mutter. Sie hat heute Geburtstag.
16 Uhr	Die Ratssitzung beginnt und der Bürgermeister begrüßt alle. Er leitet die Sitzung und klärt Fragen zu den Anträgen.
18 Uhr	Er fährt nach Hause und isst Abendbrot.
19 Uhr	Er liest noch ein Buch und geht dann schlafen. Das war ein anstrengender Tag.

Tippkarte zu Lernstation 3

Privat: Private Tätigkeiten gehen nur die eigene Person etwas an.

Beispiel: Es ist privat, was und wann die Politiker frühstücken.

Öffentlich: Bei öffentlichen Angelegenheiten geht es um Dinge, die uns alle betreffen.

Beispiel: Es ist eine öffentliche Angelegenheiten, wenn der Bürgermeister neue Bauprojekte für die Gemeinde plant.

Lernstation 4

Name: ________________ Datum: ________________

Welche Aufgaben hat die Bürgermeisterin oder Bürgermeister?

Arbeitsauftrag:

Lies dir den Text aufmerksam durch.

Suche dir einen Partner oder eine Partnerin.

Erstellt eine Pinnwand mit wichtigen Informationen zu den Aufgaben einer Bürgermeisterin/eines Bürgermeisters und zum Stadtrat.

Leitung des Stadtrats 	
Repräsentation 	
Chef der Stadtverwaltung 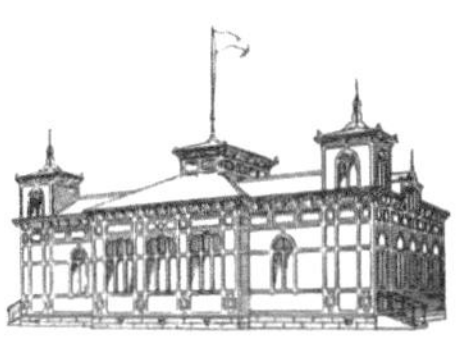	

Tipp Unterstreiche im Text in verschiedenen Farben.
Unterstreiche alle Aufgaben der Bürgermeisterin/des Bürgermeisters, die sich auf den Stadtrat beziehen blau.
Unterstreiche alle Aufgaben der Bürgermeisterin/des Bürgermeisters, die sich die Repräsentation der Stadt beziehen rot.
Unterstreiche alle Aufgaben der Bürgermeisterin/des Bürgermeisters, die sich auf die Zusammenarbeit mit der Stadtverwaltung beziehen gelb.

Text zu Aufgabe 4

Die Bürgermeisterin oder der Bürgermeister ist wie die „Chefin" oder der "Chef" eurer Stadt.

Die Bürgermeisterin/der Bürgermeister hört sich die Ideen und Anliegen der Menschen in der Stadt an. Das können Kinder, Erwachsene oder ältere Menschen sein. Die Bürgermeisterin/der Bürgermeister möchte, dass alle Bürgerinnen und Bürger zufrieden sind und in einer schönen Stadt leben können.

Hier sind einige Dinge, die eine Bürgermeisterin oder ein Bürgermeister macht:

1. **Die Bürgermeisterin/der Bürgermeister leitet die Treffen des Stadtrats. Sie oder er sorgt dafür, dass die Stadtratsmitglieder respektvoll miteinander umgehen und alles geordnet abläuft.**
   Kurze Erklärung:
   Viele Menschen haben Ideen, wie man die Stadt besser machen kann. Dabei ist der Stadtrat wie das "Entscheidungsteam" für eine Stadt. Die Stadtratsmitglieder kommen regelmäßig zusammen, um über Dinge zu sprechen, die alle Menschen einer Stadt betreffen wie zum Beispiel Schulen, Spielplätze, Straßen, Müllabfuhr und andere wichtige Themen. Der Stadtrat trifft auch Entscheidungen darüber, wie das Geld der Stadt am besten verwendet werden kann. Der Stadtrat besteht aus Menschen, die von den Bürgerinnen und Bürgern einer Stadt gewählt wurden. Wenn ihr also Ideen oder Anliegen habt, könnt ihr sie einem Mitglied des Stadtrats mitteilen.

2. **Wenn wir sagen, dass die Bürgermeisterin/der Bürgermeister die Stadt repräsentiert, bedeutet das, dass er oder sie so etwas wie das "Gesicht" oder der "Vertreter" der Stadt nach außen ist. Das ist vergleichbar mit eurer Klassensprecherin oder eurem**

Klassensprecher, die oder der eure Klasse bei Versammlungen oder Veranstaltungen repräsentiert.

Hier sind ein paar Punkte, die erklären, was es bedeutet, wenn ein Bürgermeister repräsentiert:

- **Gesicht nach außen:** Der Bürgermeister ist oft die Person, die mit wichtigen Personen spricht, zum Beispiel wenn es ein Treffen zwischen verschiedenen Städten gibt.
- **Besondere Anlässe:** Wenn es besondere Anlässe oder Feste in eurer Stadt gibt, ist die Bürgermeisterin/der Bürgermeister oft dabei. Zum Beispiel könnte die Bürgermeisterin/der Bürgermeister bei einem Laternenumzug dabei sein oder eine Ansprache bei einer wichtigen Veranstaltung halten.
- **Symbol für die Gemeinschaft:** Die Bürgermeisterin/der Bürgermeister ist wie ein Symbol für die ganze Gemeinschaft. Das bedeutet, dass er oder sie nicht nur für sich selbst spricht, sondern für alle Menschen in der Stadt.

Bei diesen Gelegenheiten trägt die Bürgermeisterin/der Bürgermeister häufig eine Amtskette.

3. **Die Bürgermeisterin/der Bürgermeister sorgt dafür, dass alle Aufgaben in der Stadt gut organisiert sind. Das bedeutet, dass sie oder er sicherstellt, dass Dinge wie Schulen, Straßenreparaturen und andere wichtige Angelegenheiten gut funktionieren.**
   Kurze Erklärung:
   Als Chef der Verwaltung arbeitet die Bürgermeisterin/der Bürgermeister mit vielen verschiedenen Leuten zusammen. Das können die Menschen im Gemeinderat sein, Angestellte der Stadt, Polizisten, Feuerwehrleute und viele andere. Es ist so, als würde sie oder er ein Team von Superhelden organisieren, die zusammenarbeiten, um die Stadt zu schützen und zu verbessern.

Lernstation 5:

Name: ________________ Datum: ________________

Was dürfen die Bürgermeisterin oder der Bürgermeister alles bestimmen?

Lies dir die Aussagen aufmerksam durch.

Überlege welche Aussagen wahr und welche Aussagen falsch sind.
Tausche dich mit einem Partner oder einer Partnerin aus.

Suche dir eine Aussage aus und **erkläre** deinem Partner oder deiner Partnerin, wieso sie nicht stimmt (Tippkarte).

Die Mitglieder aus dem Rat bestimmen den Bürgermeister.

Der Bürgermeister beschließt neue Gesetze.

Der Bürgermeister ist der Chef der Stadtverwaltung.

Der Bürgermeister arbeitet eng zusammen mit den Mitgliedern des Rates.

Der Bürgermeister bestimmt alles allein.

Tippkarte zu Lernstation 5

Zwei Aussagen sind wahr.

Drei Aussagen stimmen nicht.

Tippkarte zu Lernstation 5

	Wahr ✓	Falsch ✗
Die Mitglieder aus dem Rat bestimmen den Bürgermeister.		✗
Der Bürgermeister beschließt neue Gesetze.		✗
Der Bürgermeister ist Chef der Stadtverwaltung.	✓	
Der Bürgermeister arbeitet eng zusammen mit den Mitgliedern des Rats.	✓	
Der Bürgermeister bestimmt alles allein.		✗

Falls du bei einem Satz unsicher bist, schreibe ihn auf deine Fragensammlung. Dann kannst du den Bürgermeister bei unserem Interview danach fragen.

Wahlstation

Name: ________________ Datum: ________________

Plakat

Suche dir eine Partnerin oder einen Partner

1. **Gestaltet** ein Plakat mit den wichtigsten Informationen über die Bürgermeisterin/den Bürgermeister, zum Beispiel:

- Die Aufgaben
- Die Wahl
- Die Amtszeit
- Wer darf Bürgermeister oder Bürgermeisterin werden?

Recherchiert im Internet, falls euch Informationen fehlen.

Wahlstation

Name: ________________ Datum: ________________

Fragensammlung

1. **Notiere** hier alle deine Fragen an die Bürgermeisterin oder den Bürgermeister.

Frage: ____

____

____

Antwort: ____

____

____

Frage: ____

____

____

Antwort: ____

____

____

M 3.2 Reflexionskarten

Das hat mir gefallen ..

Dazu habe ich noch Fragen..

Das hat mich überrascht..

Das war neu für mich..

Das beschäftigt mich noch..

Das war besonders schön für mich..

Das möchte ich zur Zusammenarbeit sagen..

Das ist mir besonders leicht gefallen..

Diese Idee ist mir eingefallen..

Da habe ich etwas Besonderes entdeckt..

Das war schwierig für mich..

Ich war sauer, als..

Da war ich mit ganzem Herzen dabei..

Das fand ich besonders kompliziert..

Das ist mir besonders leicht gefallen..

Daran möchte ich weiter arbeiten..

Das hat mir gefehlt

Das möchte ich noch zum Interview sagen..

Fazit

Ziel der vorliegenden Arbeit war es eine Roadmap zu entwickeln, welche die theoretischen Konzepte der politischen Bildung mit der unterrichtlichen Praxis in der Primarstufe verbindet und erfahrbar macht.
In einem ersten Teil wird ein Planungsmodell für die politische Bildung in der Grundschule aufgezeigt, das auf der Basis der Politikkompetenzdimensionen und ausgehend von den Präkonzepten der Schüler*innen sowie des Beutelsbacher Konsenses unter Berücksichtigung unterrichtstragender fachdidaktischer Prinzipien und Methoden eine elementare Wissensvermittlung und die Kompetenz zu kritisch emanzipatorischer Partizipation zum Ziel hat. Im zweiten Teil wird anhand von drei verschiedenen fachdidaktischen Modulen aufgezeigt, wie der Brückenschlag zwischen übergreifender Theorie und dem Anliegen, Lernprozesse an die eigenen Erfahrungen der Schüler*innen zu binden, gelingen kann.

Durch die Vereinigung der genannten Komponenten in der Roadmap ist somit ein übersichtliches Werkzeug entstanden, anhand dessen ein Überblick über Elemente politischer Bildung in der Grundschule gewonnen werden kann. Die Nutzung der Roadmap in Kombination mit den tabellarischen Skizzierungen soll zudem eine unterrichtspraktische Umsetzung des zentralen Ziels politischer Bildung – die Förderung politischer Mündigkeit (vgl. Rahmenvorgabe Politische Bildung, 2001) – vereinfachen.

Danksagung

Dieses Buch erscheint am Ende meiner Lehrtätigkeit an der Universität Münster, an der ich fast vierzig Jahre in unterschiedlichen Zusammenhängen gearbeitet habe. Während der gesamten Zeit habe ich es als Privileg empfunden, dort arbeiten zu dürfen. Besonders herzlich möchte ich mich bei Adrienne Windhoff-Héritier und Dietrich Thränhardt bedanken, die vor vielen Jahren meine Dissertation betreut haben und damit den Grundstein für die Tätigkeit an einer Universität legten. Über Konzepte sozialwissenschaftlicher Fachdidaktik habe ich äußerst hilfreiche Diskussionen mit Andrea Szukala und Franziska Wittau geführt, dafür bin ich ihnen sehr dankbar. Mein herzlicher Dank gilt auch den vielen Studierenden, die mich auf meinem Weg begleitet haben und mir zahlreiche Anregungen gegeben haben. Viele Personen haben dazu beigetragen, aus meinen Gedanken dieses Buch zu machen. Hervorheben möchte ich Marcel Ludwig, von dem ich Unterstützung und Rat für den Baustein „Partizipation – ohne Beteiligung geht's nicht" bekommen habe, und Lea Bonenberg, die die Lernstationen zur hauptamtlichen Bürgermeisterin/zum hauptamtlichen Bürgermeister erarbeitet hat, sowie Falk Leigers und Daniel te Vrugt, die das Manuskript gewissenhaft geprüft und aufbereitet haben. Mein größter Dank gebührt ohne Zweifel meiner Familie, die mich stets ermutigt hat.

Münster, im März 2024 *Karin Meendermann*

Literatur

Abendschön, S. (2022): Politische Sozialisation von Kindern im Vorschul- und Grundschulalter. In: I. Baumgardt/D. Lange (Hg.): Young Citizens. Handbuch politische Bildung in der Grundschule (S. 60–68). Bonn.

Abendschön, S./Deth, J. W./Rathke, J./Vollmar, M. (Hg.) (2007): Kinder und Politik. Politische Einstellungen von jungen Kindern im ersten Grundschuljahr. Wiesbaden.

Achour, S./Frech, S./Massing, P./Strassner, V. (2020): Methodentraining für den Politikunterricht. Frankfurt/M.

Alscher, P./Ludewig, U./Mc Elvany, N. (2022): Civic Literacy – zur Theorie und Messbarkeit eines Kompetenzmodells für schulische Bildung. In S. Gessner/P. Klingler/M. Schneider (Hg.): Politische Bildung im Sachunterricht der Grundschule (S. 16–25). Frankfurt/M.

Asal, K./Burth, H.P. (2016): Schülervorstellungen zur Politik in der Grundschule. Lebensweltliche Rahmenbedingungen, politische Inhalte, didaktische Relevanz. Eine theoriegeleitete empirische Studie. Budrich.

Autorengruppe Fachdidaktik (2011): Konzepte der politischen Bildung. Eine Streitschrift. Schwalbach/Ts.

Barth, M./Bürgener, L. (2022): Expert:inneninterview. In: Baumgardt, Iris; Lange, Dirk (Hg.): Young Citizens. Handbuch politische Bildung in der Grundschule. Bonn, S. 427–432.

Baumgardt, I./Lange, D. (2022): Einleitung. In I. Baumgardt/D. Lange (Hg.): Young Citizens. Handbuch politische Bildung in der Grundschule. Bonn, S. 12–15.

Becher, A./Gläser, E. (2019): Politisches Wissen von Grundschulkindern – die qualitative Studie „PoWi-Kids". In: A. Holzinger/S. Kopp-Sixt/S. Luttenberger/D. Wohlhart (Hg.): Fokus Grundschule Band 1. Forschungsperspektiven und Entwicklungslinien. Münster, S. 197–188.

Blöcker, Y. (2020): Demokratie- und Politikvorstellungen von Kindern mit Migrationshintergrund. Eine explorative Studie mit Fokusgruppen. In: R. Lorenz/M. Micus (Hg.): Göttinger Junge Forschung. Schriftenreihe des Göttinger Institut für Demokratieforschung. Stuttgart, S. 17–447 .

Bundeszentrale für politische Bildung (1994): Politikdidaktik kurzgefasst. Planungsfragen für den Politikunterricht. Bonn.

Dauscher, U. (2019): Grundlagen der Weiterbildung. Moderationsmethode und Zukunftswerkstatt. Augsburg.

Detjen, J. (2004): Anforderungen an Nationale Bildungsstandards für den Fachunterricht in der Politischen Bildung an Schulen. Schwalbach/Ts.

Detjen, J. (2014): Forschend lernen. Recherche, Interview, Expertenbefragung. In: Sander, Wolfgang (Hg.): Handbuch zur politischen Bildung. Schwalbach/Ts.

Detjen, J./Massing, P./Richter, D./Weißeno, G. (2012): Politikkompetenz – ein Modell. Wiesbaden.

Dondl, J. (2013): Politik-Lernen in der Grundschule. Überlegungen zur politischen Bildung anhand einer Studie zu demokratieorientierten Vorstellungen von Viertklässlern. Bad Heilbrunn.

Easton, D./Dennis, J. (1969): Children in the political system. Origins of political legitimacy. New York.

Engartner, T./Hetdke, R./Zurstrassen, B. (2021): Sozialwissenschaftliche Bildung: Politik – Wirtschaft – Gesellschaft. Paderborn.

Gesellschaft für Didaktik des Sachunterrichts (Hg.). (2013): Perspektivrahmen Sachunterricht. Bad Heibrunn.

Gesellschaft für Politikdidaktik und politische Jugend- und Erwachsenenbildung (2004): Anforderungen an Nationale Bildungsstandards für den Fachunterricht in der Politischen Bildung an Schulen. Schwalbach/Ts.

Geßner, R./Hoffmann, K./Lotz, M./Wohning, A. (2016): Brauchen wir den Beutelsbacher Konsens? Bericht über eine Fachtagung. In B. Widmaier/P. Zorn (Hg.): Brauchen wir den Beutelsbacher Konsens? Eine Debatte der politischen Bildung. Bonn, S. 28–36.

Gläser, S. (2016): Das Amt des (Ober-)Bürgermeisters – seine Funktionen und Aufgaben. In: Witt, Paul (Hg.): Karrierechance Bürgermeister. Leitfaden für die erfolgreiche Kandidatur und Amtsführung. Stuttgart.

Gloe, M./Oeftering, T. (2022): Didaktische Prinzipien am Beispiel der Exemplarität und der Schüler- bzw. Adressatenorientierung. Online: https://www.bpb.de/lernen/inklusiv-politisch-bilden/505338/didaktische-prinzipien-am-beispiel-der-exemplaritaet-und-der-schueler-bzw-adressatenorientierung/ (Zugriff: 21.8.2024).

Goll, T. (2014): Problemorientierung. In W. Sander (Hg.): Handbuch politische Bildung. Schwalbach/Ts., S. 258–267.

Götzmann, A. (2015): Entwicklung politischen Wissens in der Grundschule. Wiesbaden.

Götzmann, A. (2020): Erkenntnisse zu Unterrichtsmethoden im Politikunterricht. In G. Weißeno/B. Ziegler (Hg.): Handbuch Geschichts- und Politikdidaktik. Wiesbaden.

Grammes, T. (2014): Kontroversität. In W. Sander (Hg.): Handbuch politische Bildung. Schwalbach/Ts., S. 266–274.

Greenstein, F. (1976): Children an politics. New Haven.

Herdegen, P. (2021): Stationenarbeit. In: Reinhardt, Volker/Lange, Dirk (Hg.): Forschung, Planung und Methoden Politischer Bildung. Basiswissen Politische Bildung, Band 2. Baltmannsweiler.

Himmelmann, G. (2004): Demokratie-Lernen: Was? Warum? Wozu? Berlin.

Hubacher, M. S. (2021): Didaktische Prinzipien. Online: https://pb-tools.ch/didaktische-prinzipien/ (Zugriff: 22.8.2024).

Internetredaktion LpB BW (2022): Bürgermeisterin/Bürgermeister in Baden-Württtemberg. Online: https://www.landeskunde-baden- wuerttemberg.de/buergermeister#c81704 (Zugriff: 21.08.2024).

Juchler, I. (2022): Wissenschaftstheoretische Grundlagen politischer Bildung: Hermeneutik. In: Wolfgang Sander/Kerstin Pohl (Hg.): Handbuch politische Bildung. Frankfurt/M., S. 63–74.

Kenner, S., & Lange, D. (2022): Young Citizens – Das Politische an der politischen Bildung. In I. Baumgardt & D. Lange (Hg.), Young Citizens. Handbuch politische Bildung in der Grundschule. Bonn, S. 20–27.

Kirchgeorg, M./Maier, G. W. (2023): Motivation. Online: https://wirtschaftslexikon.gabler.de/definition/motivation-38456/version-261879 (Zugriff: 21.8.2024).

Kolleck, N./Eller-Eberstein. M. v. (2020): Für Demokratie zu Jung? Online: https://www.fes.de/themenportal-bildung-arbeit-digitalisierung/bildung/artikelseite-bildungsblog/fuer-demokratie-zu-jung. (Zugriff: 21.8.2024).

Kuckartz, U. (2018): Qualitative Inhaltsanalyse: Methoden, Praxis, Computerunterstützung. Weinheim.

Kultusministerkonferenz (2018): Demokratiebildung. Online: https://www.kmk.org/themen/allgemeinbildende-schulen/weitere-unterrichtsinhalte-und-themen/demokratiebildung.html (Zugriff: 21.08.2024).

Lange, D./Möller, L. (2022): Stationenlernen. In I. Baumgardt/D. Lange (Hg.): Young Citizens. Handbuch politische Bildung in der Grundschule (S. 405–511). Bonn.

Lobo, S. (2023): Die große Vertrauenskrise. Köln.

Massing, P. (2014): In Gesprächen lernen: Gesprächsformen in der politischen Bildung. In W. Sander (Hg.): Handbuch politische Bildung (S. 442–449). Schwalbach/Ts.

Meendermann, K., & Szukala, A. (2022): Elementare Bürger*innenbildung – Ein Vergleich in europäischer Perspektive. In I. Baumgardt & D. Lange (Hg.): Young Citizens. Handbuch politische Bildung in der Grundschule. Bonn, S. 97–107.

Meierhenrich, V. (2021): Zukunftswerkstatt. In: V. Reinhardt/D. Lange (Hg.): Forschung, Planung und Methoden Politischer Bildung. Basiswissen politische Bildung. Band 2. Baltmannsweiler, S. 506–512.

Mickel, W. W. (1969): Methodik des politischen Unterrichts. Gemeinschafts-, Sozial- und politische Weltkunde. Frankfurt/M.

Mickel, W. W. (2004): Pro-Contra-Debatte. Didaktische Hinweise. Online: https://www.bpb.de/lernen/methoden/46892/5-pro-contra-debatte/ (Zugriff: 21.8.2024).

Ministerium für Schule und Bildung des Landes Nordrhein-Westfalen (2021): Lehrpläne für die Primarstufen in Nordrhein-Westfalen. Online: https://www.schulentwicklung.nrw.de/lehrplaene/upload/klp_PS/ps_lp_sammelband_2021_08_02.pdf (Zugriff: 21.8.2024).

Ministerium für Schule, Wissenschaft und Forschung des Landes NRW (2001): Rahmenvorgabe Politische Bildung. Düsseldorf.

Ministerium des Inneren des Landes Nordrhein-Westfalen: Kommunalwahlen Online. Online: https://www.im.nrw/themen/beteiligung/wahlen/kommunalwahlen (Zugriff: 21.8.2024).

Mittnik, P./Lauss, G./Schmid-Heher, S. (2018): Was darf Politische Bildung. Wien.

Möller, L./Lange, D. (2022): Stationenlernen. In: Lange, D./Baumgardt, I. (Hrsg.): Young Citizens. Handbuch für politische Bildung in der Grundschule. Bonn, S. 405–411.

Moore, S./Lare, J./Wagner, K. (1985): The child's political world. A longitudinal perspective. New York.

Overwien, B. (2021). Wie politisch ist politische Bildung? Kontroversen in der politischen Bildung seit den siebziger Jahren. In F. Thole/S. Wedde/A. Kather (Hg.): Über die Notwendigkeit der Historischen Bildungsforschung. Wegbegleiter*innenschrift für Edith Glaser. Bad Heilbrunn, S. 115–124.

Posner, G., Strike, K., Hewson, P., & Gertzog, W. (1982). Accommodation of a scientific conception: Toward a theory of conceptual change. Science Education, 66, 211–227. http://dx.doi.org/10.1002/sce.3730660207.

QUA-LiS NRW (2021): Aufgaben und Ziele. Online: https://www.schulentwicklung.nrw.de/lehrplaene/lehrplannavigator-primarstufe-neu/primarstufe/sachunterricht/aufgaben-ziele/aufgaben-und-ziele-des-faches.html. Zugriff: 22.8.2024).

Reinhardt, S. (2018): Politik Didaktik. Praxishandbuch für die Sekundarstufe I und II. Berlin.

Sander, W. (1997): Theorie der politischen Bildung: Geschichte, didaktische Konzeptionen, aktuelle Trends und Probleme. In W. Sander (Hg.): Handbuch politische Bildung. Schwalbach/Ts., S. 5–48.

Sander, W. (2008): Politik entdecken – Freiheit leben. Didaktische Grundlagen politischer Bildung. Schwalbach/Ts.

Sander, W. (2014): Geschichte der politischen Bildung. In W. Sander (Hg.): Handbuch politische Bildung (S. 15–30). Schwalbach/Ts.

Sander, W./Pohl, K. (Hg.). (2022): Handbuch politische Bildung. Frankfurt/M.

Schiele, S. (2016): Der Beutelsbacher Konsens ist keine Modeerscheinung! Zu seiner historischen Genese und gegenwärtigen Aktualität. In B. Widmaier/P. Zorn (Hg.): Brauchen wir den Beutelsbacher Konsens? Eine Debatte der politischen Bildung. Bonn, S. 68–77.

Schubert, K./ Klein, M. (2021): Das Politiklexikon. Begriffe, Fakten, Zusammenhänge. Bonn.

Schubert, K./Klein, M., (2011): Das Politiklexikon: Begriffe, Fakten, Zusammenhänge. Bonn.

Straßner, V. (2020): Expertenbefragung. In: Achour, Sabine/Frech, Siegfried/Massing, Peter/ Strassner, Veit: Methodentraining für den Politikunterricht. Frankfurt/M.

Tausendpfund, M. (2008): Demokratie Leben Lernen – Erste Ergebnisse der dritten Welle. Politische Orientierung von Kindern im vierten Grundschuljahr. Mannheim.

Thurich, E. (2011): Politik – Demokratie in Deutschland. Bonn.

van Deth, J.W. u.a. (2007): Kinder und Politik. Politische Einstellungen von jungen Kindern im ersten Grundschuljahr. Wiesbaden.

von Alemann (1995): Grundlagen der Politikwissenschaft. 2. Aufl. Opladen.

von Ossietzky, Carl (2016): Pro-Contra Debatte. Online: https://www.methodenkartei.uni-oldenburg.de/methode/pro-contra-debatte/ (Zugriff: 21.8.2024).

Wagenschein, M. (1997): Verstehen lehren. Genetisch – Sokratisch – Exemplarisch. Weinheim.

Wagenschein, M. (2023): Gegen das Spezialistentum. Online: martin-wagenschein.de/en/2/W-128.pdf (Zugriff: 21.8.2024).

Weinert, F. E. (2001): Leistungsmessungen in Schulen. Weinheim.

Weißeno, G. (u.a.) (2013): Politikkompetenz kurzgefasst – Zur Arbeit mit dem Kompetenzmodell. In: Frech, S./Richter, D. (Hg.): Politische Kompetenzen fördern. Hrsg. Schwalbach/Ts., S. 246–276).

Wiechmann, J./Wildhirt, S. (2015): Unterrichtsmethoden – vom Nutzen zur Vielfalt. In: J. Wiechmann/S. Wildhirt (Hg.): Zwölf Unterrichtsmethoden für die Praxis. Weinheim.

Wohnig, A., (2022): Handlungsorientierung. In: W. Sander/K. Pohl (Hg.): Handbuch Politische Bildung. Frankfurt/M., S. 251–259.

Zurstrassen, B. (2022): Zukunftswerkstatt. In: I. Baumgardt/D. Lange (Hg.): Young Citizens. Handbuch politische Bildung in der Grundschule. Bonn, S. 374–381.

Zustrassen, B., (2021): Schülerzentrierung und Orientierung. In: T. Engartner/R. Hetdke/B. Zurstrassen (Hg): Sozialwissenschaftliche Bildung: Politik – Wirtschaft – Gesellschaft. Paderborn, S. 107–111.